县级供电企业常见法律纠纷

案例评析

营销、农电类

国网浙江省电力有限公司衢州供电公司 组编

刘慧 主编

中国电力出版社
CHINA ELECTRIC POWER PRESS

内 容 提 要

本书结合供电企业工作中最常遇到的法律纠纷问题，归纳整理停电纠纷、触电纠纷、线路运维、电杆运维、电费回收、综合管理等六个方面的 22 个焦点问题，每个方面问题作为一个章节进行专题剖析，辅以典型案例分析和管理建议。

本书的主要读者对象为地市供电公司中层、班所长、一线员工等非法律专业员工。

图书在版编目（CIP）数据

县级供电企业常见法律纠纷案例评析（营销、农电类）/ 刘慧主编；国网浙江省电力有限公司衢州供电公司组编. —北京：中国电力出版社，2018.7（2025.8重印）

ISBN 978-7-5198-2121-0

Ⅰ. ①县… Ⅱ. ①刘…②国… Ⅲ. ①电力工业－经济纠纷－案例－中国 Ⅳ. ①D922.292.5

中国版本图书馆 CIP 数据核字（2018）第 125402 号

出版发行：中国电力出版社

地　　址：北京市东城区北京站西街 19 号（邮政编码 100005）

网　　址：http://www.cepp.sgcc.com.cn

责任编辑：杨敏群　王　欢（010-63412240）

责任校对：李　楠

装帧设计：郝晓燕

责任印制：钱兴根

印　　刷：北京世纪东方数印科技有限公司

版　　次：2018 年 7 月第一版

印　　次：2025 年 8 月北京第五次印刷

开　　本：710 毫米×1000 毫米　16 开本

印　　张：10.5

字　　数：153 千字

定　　价：35.00 元

编　委　会

主　　任　何文其　黄宏和

副主任　王　静　周　俊　宋耘

编　写　组

组　长　刘　慧

副组长　巫水萍

成　员　徐学钒　张亚平　谢淑英　郑慧君

　　　　何官清　陈　丽　吴　奇　王晓寅

　　　　徐钲皓　王成悦　洪忠河　张　剑

　　　　林　芳　袁衢龙

　　党的十八大以来，党中央将依法治国纳入"四个全面"战略布局，开创了国家法治建设的新局面。国家电网公司作为关系国家能源安全和国民经济命脉的重要国有骨干企业，按照"三全五依"法治企业建设部署，解难题，补短板，强管理，促发展，走出了一条适合国情电情企情的法治之路。法治企业建设正成为国家电网公司全面履行政治责任、经济责任、社会责任的坚强基石，成为全面建成"一强三优"现代公司的重要保障。

　　加强法治宣传教育，需要把依法治企的要求全面贯穿到各层级、各业务、各岗位，固化到每项业务流程，形成闭环有效的法律风险防控机制，真正形成决策问法、办事依法、遇事找法、解决问题靠法的良好法治氛围。电网企业的法治建设更应该与中心工作、经营管理和全过程管控深度融合，既聚焦法律热点，又专注电网业务，才能让法治建设的各项工作要求落地生根。这就需要我们的法律工作从法律部门单兵作战向企业各部门协同转变，从专项业务向全面覆盖、全员参与的全局性、战略性工作升级。

　　本书结合供电企业工作中最常遇到的法律纠纷问题，归纳整理停电纠纷、触电纠纷、线路运维、电杆运维、电费回收、综合管理六个方面的 22 个焦点问题，每方面问题作为一个章节进行剖析，辅以典型案例分析和管理建议。第一章为停电纠纷专题，针对不可抗力、配合政府、客户欠费或窃电等各种停电，从操作规范、法律风险防范等方面提出切实有效的防范建议；第二章为触电纠纷专题，对高压线下钓鱼、违章建房、家保运维不利等造成的触电问题，结合供电企业应承担的用电检查责任，对如何防范触电事故发生、减少供电企业责任进行深入分析与对策研究；第三章为线路运维专题，重点阐述供电企业在遭遇政策处理矛盾、线树矛盾、线房矛盾如何依法处置，对极难解释的高压线电磁辐射也给予了专业分析和应对策略；第四章为电杆运维专题，主要剖析属供电部门产权的电杆，在造成人身伤害和被外力因素破坏时，供电企业该如何维护自身权益；第五章为电费回收专题，侧重电费回收、违约金收取的策略，以及面对违规转供电时该如何保护企业利益不受侵害；第六章为综合管理专题，主要从法律角度对供电企业信息公开、私车公用提出相应的管理建议。

为了给读者最有针对性、最权威的指引，本书的 69 个案例均来自裁判文书网，另有 2 个未形成诉讼的案例，则来自于工作实务。在法律研究与电网主营业务有机结合、法律专业和其他专业人员优势互补方面具有很好的示范作用。文中所列举的焦点问题，都是经过反复斟酌、精心挑选，曾在地市供电公司中层、班所长、一线员工等各层面培训班讲授，也是学员们在课程中备受欢迎，在工作中最常遇到的难题，案例的剖析满足了基层业务人员对"使用法律知识"的迫切需要。为了节省读者的阅读时间，对这些案例逐一作了浓缩简介，便于一线非法律人士阅读。为了便于读者更详尽地了解案情的来龙去脉，每个案例也都标明了案号。

限于编者水平，疏漏之处在所难免，恳请各位专家、读者提出宝贵意见。

编　者

2018 年 5 月

目 录

前言

第一章　停电纠纷专题 ……………………………………………… 1
　专题一　供电所配合政府停电的规范操作 …………………… 3
　专题二　因恶劣天气引起的停电责任分担 …………………… 13
　专题三　欠费停电应程序到位避免成被告 …………………… 19
　专题四　窃电停电应取证到位避免成被告 …………………… 25

第二章　触电纠纷专题 …………………………………………… 33
　专题五　高压线下钓鱼触电无过错责任承担 ………………… 35
　专题六　用户内部触电家保未跳的责任分担 ………………… 40
　专题七　高压线下违章建房触电的责任分担 ………………… 47
　专题八　供电企业开展用电检查的责任不小 ………………… 52

第三章　线路运维专题 …………………………………………… 61
　专题九　杆线落地政策处理矛盾的化解策略 ………………… 63
　专题十　线树矛盾清理廊道受阻的应对策略 ………………… 70
　专题十一　线房矛盾被诉杆线迁移的应对策略 ……………… 78
　专题十二　电磁辐射被诉排除妨碍的应对策略 ……………… 85

第四章　电杆运维专题 …………………………………………… 95
　专题十三　废弃电杆折断致人损害的赔偿责任 ……………… 97
　专题十四　路边堆放电杆致人损害的赔偿责任 ……………… 100
　专题十五　行人车辆撞到运行电杆的赔偿责任 ……………… 105
　专题十六　路边电力设施被撞应及时报案索赔 ……………… 111

第五章　电费回收专题 …………………………………………… 117
　专题十七　对破产重整企业的电费回收策略 ………………… 119

专题十八　电费违约金可以向法院申请调整 …………………124

专题十九　未登记的物电抵押也可优先受偿 …………………129

专题二十　自备电厂私自转供电应及时维权 …………………135

第六章　综合管理专题 ……………………………………141

专题二十一　供电企业商业秘密信息可以不公开 ……………143

专题二十二　驾驶私家车去工作现场的注意事项 ……………150

附录　常见法律法规 …………………………………………155

第一章　停电纠纷专题

专题一 供电所配合政府停电的规范操作

一、案例简介

案号：（2016）豫民终 385 号、（2017）最高法民申 897 号

2001 年 5 月 30 日，某县人民政府做出文件要求从 2001 年 6 月 1 日起，对县（市）、区属及乡镇煤矿除部分停产不停电整顿的矿井外，其余乡镇煤矿一律实行停电停产整顿。并要求凡没有及时对停电矿井实施断电，没有及时对停电、停产整顿矿井停供并收缴剩余火工用品造成煤矿违规生产的，要从严追究供电、公安部门主要领导的责任。该县供电公司 2001 年 6 月 1 日根据政府提供的停缓建基建矿井名单，对某煤矿实施停电。该煤矿法定代表人齐某于 2015 年 7 月 7 日向人民法院提起行政赔偿诉讼，要求供电公司赔偿损失 5500 万元。人民法院在行政诉讼裁定书中，以"不属于行政诉讼范围"驳回申请人提起的行政诉讼请求。后申请人向市中级人民法院提起民事诉讼，请求法院依法判定被申请人停电操作行为违法，并承担违法行为导致损害的赔偿责任。市中级人民法院以齐某与供电公司非平等民事主体的关系驳回起诉。申请人认为原审认定事实和适用法律错误，请求依法再审。

再审法院认为：供电公司的停电行为不是基于供电合同关系发生的，双方不产生民事损害赔偿关系。一、二审裁定认定本案不属于人民法院受理民事诉讼案件的范围，并无不当。驳回齐某的再审申请。

二、法律分析

（一）关键法条和合同条文

《电力法》

第三十二条 用户用电不得危害供电、用电安全和扰乱供电、用电秩序。

对危害供电、用电安全和扰乱供电、用电秩序的，供电企业有权制止。

《供电监督办法》

第二十四条　电力监管机构对供电企业执行国家有关节能减排和环境保护政策的情况实施监管。

供电企业应当减少电能输送和供应环节的损失和浪费。

供电企业应当严格执行政府有关部门依法做出的对淘汰企业、关停企业或者环境违法企业采取停限电措施的决定。未收到政府有关部门决定恢复送电的通知，供电企业不得擅自对政府有关部门责令限期整改的用户恢复送电。

《环境保护法》

第六十条　企业事业单位和其他生产经营者超过污染物排放标准或者超过重点污染物排放总量控制指标排放污染物的，县级以上人民政府环境保护主管部门可以责令其采取限制生产、停产整治等措施；情节严重的，报经有批准权的人民政府批准，责令停业、关闭。

《消防法》

第五十四条　公安机关消防机构在消防监督检查中发现火灾隐患的，应当通知有关单位或者个人立即采取措施消除隐患；不及时消除隐患可能严重威胁公共安全的，公安机关消防机构应当依照规定对危险部位或者场所采取临时查封措施。

第五十五条　公安机关消防机构在消防监督检查中发现城乡消防安全布局、公共消防设施不符合消防安全要求，或者发现本地区存在影响公共安全的重大火灾隐患的，应当由公安机关书面报告本级人民政府。

接到报告的人民政府应当及时核实情况，组织或者责成有关部门、单位采取措施，予以整改。

《安全生产法》

第六十七条　负有安全生产监督管理职责的部门依法对存在重大事故隐患的生产经营单位作出停产停业、停止施工、停止使用相关设施或者设备的决定，生产经营单位应当依法执行，及时消除事故隐患。生产经营单位拒不执行，有发生生产安全事故的现实危险的，在保证安全的前提下，经本部门主要负责人批准，负有安全生产监督管理职责的部门可以采取通知有关单位停止供电、停止供应民用爆炸物品等措施，强制生产经营单位履行决定。通知应当采用书面形式，有关单位应当予以配合。

《行政强制法》

第四十三条　行政机关不得在夜间或者法定节假日实施行政强制执行。但是，情况紧急的除外。

行政机关不得对居民生活采取停止供水、供电、供热、供燃气等方式迫使当事人履行相关行政决定。

《国有土地上房屋征收与补偿条例》

第二十七条　实施房屋征收应当先补偿、后搬迁。

作出房屋征收决定的市、县级人民政府对被征收人给予补偿后，被征收人应当在补偿协议约定或者补偿决定确定的搬迁期限内完成搬迁。

任何单位和个人不得采取暴力、威胁或者违反规定中断供水、供热、供气、供电和道路通行等非法方式迫使被征收人搬迁。禁止建设单位参与搬迁活动。

《民事诉讼法》

第二百五十条　强制迁出房屋或者强制退出土地，由院长签发公告，责令被执行人在指定期间履行。被执行人逾期不履行的，由执行员强制执行。

强制执行时，被执行人是公民的，应当通知被执行人或者他的成年家属到场；被执行人是法人或者其他组织的，应当通知其法定代表人或者主要负责人到场。拒不到场的，不影响执行。被执行人是公民的，其工作单位或者房屋、土地所在地的基层组织应当派人参加。执行员应当将强制执行情况记入笔录，由在场人签名或者盖章。

强制迁出房屋被搬出的财物，由人民法院派人运至指定处所，交给被执行人。被执行人是公民的，也可以交给他的成年家属。因拒绝接收而造成的损失，由被执行人承担。

《合同法》

第一百八十条　供电人因供电设施计划检修、临时检修、依法限电或者用电人违法用电等原因，需要中断供电时，应当按照国家有关规定事先通知用电人。未事先通知用电人中断供电，造成用电人损失的，应当承担损害赔偿责任。

《高压供用电合同》

15.3　因执行政府机关或授权机构依法做出的停电指令而中止供电

的，供电人应按照指令的要求中止供电。

15.4 除以上中止供电情形外，需对用电人中止供电时，按如下程序进行：

（1）停电前三至七天内，将停电通知书送达用电人，对重要用电人的停电，同时将停电通知书报送同级电力管理部门；

（2）停电前30分钟，将停电时间再通知用电人一次。

15.5 引起中止供电或限电的原因消除后，供电人应在三日内恢复供电。不能在三日内恢复供电的，应向用电人说明原因。

（二）地方法律法规

《浙江省违法建筑处置规定》

第二十三条 单位或者个人就违法建筑申请办理供电、供水、供气等手续的，违法建筑处置决定执行完毕前，供电、供水、供气等单位不得办理。

《浙江省水污染防治条例》

第五十一条 排污单位拒不履行县级以上人民政府或者环境保护主管部门作出的责令停产、停业、关闭或者停产整顿决定，继续违法生产的，县级以上人民政府可以作出停止或者限制向排污单位供水、供电的决定。

《浙江省"三改一拆"行动违法建筑处理实施意见》（浙政办发〔2013〕69号）

"有关单位组织实施强制拆除违法建筑，应当严格依照法定程序进行，并按规定予以公告。需要公安机关、医疗卫生机构、居（村）民委员会和供电、供水、供气、通信、物业服务企业等单位配合的，有关单位应当予以配合。"

（三）要点简析

1. 配合政府停电是具体行政行为的辅助行为，不是供用电合同行为

民法调整平等主体之间的财产关系和人身关系，民事诉讼的受理范围是平等主体之间发生的财产关系纠纷和人身关系纠纷。上述案例中，县供电公司系国有企业而非行政机关，其对齐某个人开办的奋发煤矿采取的停电行为，是在县人民政府对地方煤矿进行全面停产整顿过程中，为保证当地政府专项治理整顿工作的落实，依照《县人民政府关于转发全市地方煤矿全面停产整顿实施意见的通知》的要求实施的，属于执行人

民政府决定的行为，并非基于双方民事法律关系所产生。在上述停电行为实施过程中，供电公司与奋发煤矿及齐某之间并非平等民事主体的关系，由此产生的纠纷不属于人民法院受理民事诉讼案件的范围。配合政府停电行为的诉讼与赔偿主体不是供电公司，而是发出停电指令的行政机关。

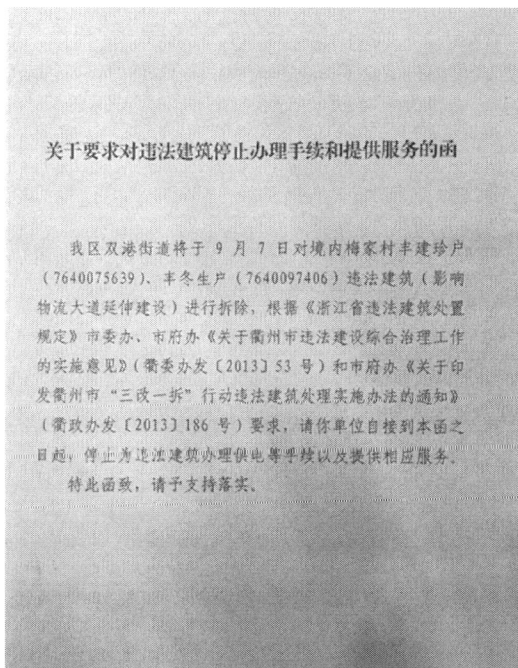

关于要求对违法建筑停止办理手续和提供服务的函

我区双港街道将于 9 月 7 日对境内梅家村丰建珍户（7640075639）、丰冬生户（7640097406）违法建筑（影响物流大道延伸建设）进行拆除，根据《浙江省违法建筑处置规定》市委办、市府办《关于衢州市违法建设综合治理工作的实施意见》（衢委办发〔2013〕53 号）和市府办《关于印发衢州市"三改一拆"行动违法建筑处理实施办法的通知》（衢政办发〔2013〕186 号）要求，请贵单位自接到本函之日起，停止为违法建筑办理供电等手续以及提供相应服务。

特此函致，请予支持落实。

图 1-1：各类政府部门要求供电企业配合停电的书面函件

2. 供电企业不是配合政府停电的通知主体

根据《合同法》第一百八十条，供电人只有在供电设施计划检修、临时检修、依法限电或者用电人违法用电等情况需要中断供电时，才有事先通知用电人的义务。供电企业与用电人在双方的供用电合同中，约定中止供用电应事先通知的情形，与《合同法》的规定大致相同。配合政府停电的性质不是合同行为，因此，具体的停电通知也应由发出指令的行政部门通知到被停电人。此点在国网公司 2017 版的《高压供用电合同》中也有明确，即 15.3 因执行政府机关或授权机构依法做出的停电指令而中止供电的，供电人应按照指令的要求中止供电，而不需要由供电公司按照"15.4"的要求,在停电前三至七天送达停电通知书,停电前30分再通知一次。具体实务中,建议各地供电企业规范配合政府停电的流程,并配合政府制订相关管理办法,明确由政府职能部门参照其他类停电履行提前通知义务,再安排供电公司停电。

需要特别说明的是,业界对于配合政府停电的通知主体还有不同的观点,认为无论是基于具体行政行为还是供用电合同的停电,供电企业都应事先履行通知义务。笔者认为,为了确保停电安全,在政府给予的停电准备时间充分、事先通知不会影响行政执法等前提下,供电企业在停电前不妨履行补充通知的义务。

3. 供电企业配合政府停电的风险分析

配合停限电的指令主要来源于政府相关部门、司法机关,具体事由可能包括征地拆迁、工商违法、拆除违法建筑、淘汰关停企业、关停环境污染企业、关停重大事故隐患的生产经营企业、协助司法执行等各个方面。

从本专题所列的法条可知,法律对不同的情形给政府相关部门、司法机关的赋权有所不同。从文后所列参考案例看,政府要求供电企业配合停电的相关决定,可能因程序不到位等原因而被法院撤销。可见,政府部门要求供电企业停电的指令并不一定是合法的。如对淘汰关停企业,《环境保护法》第六十条规定,县级以上人民政府环境保护主管部门可以责令企业采取限制生产、停产整治等措施,但如果要对企业采取停业、关闭等处罚,则应报经有批准权的人民政府批准。如果某县环保局未经政府批准,要求供电企业以停电促使企业停业、关闭,则该指令存在不合法被撤销的风险。对此类停电要求,供电企业应谨慎、有限配合。

对不同的配合政府停电行为所面临的法律风险作对比分析,具体见表 1-1。

表 1-1　　　不同的配合政府停电行为面临的法律风险对比分析

序号	停电情形	实施主体	处理建议	法律依据
1	征地拆迁	县级以上人民政府、国土局、建设局	风险较高,配合需谨慎	《国有土地上房屋征收与补偿条例》(2011.1.21,国务院令第 590 号)第二十七条
2	工商违法	县级以上人民政府、工商局	风险较高,配合需谨慎	—

续表

序号	停电情形	实施主体	处理建议	法律依据
3	拆除违法建筑	县级以上人民政府,"三改一拆"专项工作领导小组、违法建设综合治理工作领导小组办公室等非常设机构	有一定风险,必须支撑材料齐全	《浙江省违法建筑处置规定》(供参考)
4	淘汰关停企业	县级以上人民政府、经信局、环保局	有一定风险,必须支撑材料齐全	《供电监督办法》第二十四条、《环境保护法》第六十条
5	关停环境污染企业	县级以上人民政府、环保局	有一定风险,必须支撑材料齐全	《供电监督办法》第二十四条、《环境保护法》第六十条
6	重大事故隐患的生产经营企业	县级以上人民政府、安监局	风险较低,配合	《安全生产法》第六十七条
7	协助司法执行	各级人民法院	风险较低,配合	《民事诉讼法》第二百五十条
8	对居民停电	各政府部门	风险很高,极有限配合	《行政强制法》第四十三条

三、管理建议

1. 认真核对停电名单,避免错停

由于政府出具函件上的停电清单,与供电公司营销业务系统开户的户名、用电地址往往存在偏差,供电公司在接到政府部门的转办函件后,需会同政府执法人员到现场逐一核对确认,将供电公司内部的户号、户名、局号、用电地址核对无误后,再安排现场停电配合工作。

2. 务必收到书面通知后,再进行停电工作

实务中,常有政府部门领导一个电话,要求供电公司配合停电的情况。如果供电公司在停电前没有取得县(区)级以上政府部门的书面通知,一旦政府部门要求供电公司停电的指令不合法被撤销,而供电公司无法有效举证停电是应政府要求而实施的,则面临违法、违约停电的民事赔偿风险。

3. 电费担保达成一致

配合政府停电往往涉及环保整治、关停、征地拆迁等容易产生纠纷的事项。停电后的电费回收将成为难题。因此,在配合停电前,供电公

司参与政府协调会的领导或专业人员、接收停电指令的责任班所等，必须牢固树立电费回收意识，与政府部门就电费回收事宜达成一致，避免因配合停电导致电费无法回收。

4. 需有执法人员现场配合、确保实施停电人员的人身安全

配合实施停电时，应按函件要求并经审批的时间节点，在政府相关部门执法人员现场主持下，对函件中明确且经内部审批的客户实施停电，严禁自行对客户采取停电措施。特别是一些强制拆迁现场，危险性大，供电企业工作人员应切实提高安全意识，确保自身人身安全，不可擅自、盲目行动。在停电时如发现现场情况可能面临失控或有其他危及自身安全情况发生时，应尽快撤离现场。停电过程中，严禁发生与客户争执等影响企业形象的情况。此外，在实施停电过程中，停电操作人员应相互配合，尽量做好现场照片和影像资料采集工作。

5. 正确完成内部流程

营销系统流程：政府部门要求配合停电、恢复送电的函件以及内部审批单，应在营销业务系统发起停电审批流程时，进行电子化存档，由责任班组在智能档案系统上传归档。函件原件妥善归档保存。相关纸质及现场执行的照片或影像资料独立归档保存，保存期限建议不少于 2 年。

现场操作流程：供电企业的责任班组应根据现场核查的具体情况，与政府职能部门对接，明确配合政府停电的操作方式。

（1）涉及销户的操作流程。

情况 1：已经被政府认定为违章建筑，并且要实施房屋拆除的用户，可在政府拆除违章建筑当日，在政府相关部门执法人员现场主持下，对函件中明确的客户实施断电，并将表计拆回。在违章建筑被拆除之后，由责任班组在营销业务系统当天发起销户流程，政府函件和审批单作为发起销户的依据资料。

情况 2：用户自行或委托办理销户手续的，营业厅按照正常的销户流程受理后，由责任班组进行表计拆除等工作。

（2）涉及强停的操作流程。

配合政府对淘汰、关停、限期整改，但不进行房屋拆除和永久关停的用户实施停电，供电企业应选择强停而不是销户。具体停电根据实际情况，低压用户可采取远程停电和现场断电，高压用户可采取强停。

情况 1：低压远程停电。由责任班组在营销业务系统发起"无欠费停电流程"，流程备注需注明"配合政府停电"，现场不拆除表计和表前线。

情况 2：低压现场断电。由责任班组现场拆除表前线和表计，为保证低压采集率指标，应保证表计上线。

情况 3：高压强停。由营销责任班组对接政府部门，要求政府部门履行告知义务，确保政府相关执法部门责令用户拉开低压出线开关后，由运检责任班组配合拉开产权分界点开关，营销责任班组及时在营销业务系统发起强停流程。

在收到政府书面函件告知停电原因消失，决定对停电对象恢复正常供电后，责任班所应及时与相关部门联系确认，按照政府部门要求的时间及时恢复供电。

四、参考案例

案例 1：钉子户反悔拆迁协议，供电公司再提供临时用电

案号：（2014）谯民二初字第 00587 号、（2015）亳民二终字第 00068 号

案情简介：张某系某村村民，经营烟、日杂零售，属个体工商户。2012 年 6 月 12 日，镇人民政府与张某经协商达成《拆迁安置补偿协议》。后张某对拆迁协议反悔。现该村庄除原告张某一家的房屋外，其他村民的房屋已全部拆除。由于建设需要，拆迁机构组织人员已将张某所在村的高、低压线路全部推倒，变压器拆除，致使原告张某家停电至今。张某要求该地区供电公司恢复供电、赔偿损失。

一审法院认定：张某所在村的供电设施和供电线路已由拆迁队依据双方已达成的协议拆除，不是被告供电公司违约行为造成原告用电的中断。判决驳回原告张某的诉讼请求。

二审法院认为，供电公司在张某与镇政府达成拆迁协议后中止供电，拆迁企业拆除该村的高压、低压线路并无不当。但供电公司作为供电企业，在张某对拆迁协议反悔后，应按照法律规定，向其营业区内的用户履行供电义务。现因该村的高低压线路系统暂无法正常恢复，张某要求供电公司恢复供电不符合情理。但根据张某提供的其房屋周围 200 米内通电，张某可依照供电企业规定的程序办理手续申请临时用电。遂撤销

一审判决，要求供电公司为上诉人张某办理恢复临时供电。

案例 2：违法建设未拆除，供电公司应供电

案号：（2014）徒商初字第 0398 号

案情简介：原告在某镇建有住房。2013 年 7 月 21 日，区发改委向供电公司发函，要求对原告违法建筑实施断电措施。2013 年 8 月 3 日，防控和拆除违法建设办公室向该镇供电所发通知，要求供电所不得为违法建筑办理电力报装手续，已安装电力设施的，停止供电，拆除电力设施。原告诉至法院要求供电公司恢复供电。

一审法院认为，原、被告虽未签订供用电合同，但原、被告之间存在着事实上的供用电合同关系，合法有效。原、被告双方未约定合同终止的条件，目前原告的房屋尚未拆除，在供用电合同未终止之前，被告有义务继续向原告进行供电。判决被告供电公司于本判决生效后十五日内向原告供电。

案例 3：拆迁主体破坏供电设施，法院判决恢复供电

案号：（2015）宜秀民二初字第 00406 号

案情简介：原告潘某的家属于政府某公益项目拆迁范围。自 2015 年 7 月 2 日起，原告家中突然断电至今。2015 年 8 月 19 日供电公司维修线路时遭到不明人员阻挡。原告家中因断电到今，无法正常生活，要求被告恢复供电未果，故起诉至法院。

法院认为：因原告使用的供电设备不能正常运行，被告有义务及时抢修恢复正常用电。原告对其损失没有提供证据予以证实，其提供的损失的计算标准亦没有法律依据，故对原告主张因断电而造成其他损失的诉讼请求不予支持。原告要求被告赔偿精神损失及要求被告赔礼道歉的其他诉讼请求，亦于法无据，不予支持。判决被告供电公司于本判决生效后十日内恢复原告潘某家中的正常用电。

案例 4：违法开采认定错误，国土局行政行为被撤销

案号：（2013）宁行终字第 109 号

案情简介：孟某（原告）的建材经营部经工商行政管理局登记注册为个体工商户。2012 年 5 月 14 日，国土局（被告）函告供电公司营业部对非法采矿点予以断电、销户，拆除供电设备。该文附有《非法采矿企业名单》，在该名单中有孟某的建材经营部。供电公司营业部据此切断

被上诉人的电源。孟某认为国土局未经调查核实错误认定，请求依法撤销将其经营的庆喜建材经营部认定为非法采矿企业的具体行政行为。一审法院认为被告国土局提供的证据均不能证明被告认定原告的庆喜建材经营部为非法采矿企业的事实存在。故法院判决撤销被告国土局于 2012 年 5 月 14 日作出的对原告的建材经营部认定为非法采矿企业的具体行政行为。国土局不服判决，向法院提起上诉。二审维持原判。

专题二　因恶劣天气引起的停电责任分担

一、案例简介

案号：（2014）酉法民初字第 03786 号、渝四中法民终字第 00980 号、（2016）渝民申 00042 号

2014 年 9 月 18 日，龙某将新收割的烟叶置入电烤棚中进行烤制。当天 18 时 30 分许，天降暴雨并刮起大风，位于该地区电杆处的高压线被大风刮倒的树木损坏，导致高压线短路，无法正常供电。次日 7 时 53 分，故障修复，恢复了龙某所在地的供电。从 9 月 18 日 18 时 30 分，至第二天 7 时 53 分，龙某所在地一直处于停电状态。龙某在停电后，曾向该县供电公司某供电所的工作人员询问情况，该所所长告知龙某，因自然原因造成线路故障，一时难以修复，可能要到第二天才能恢复正常供电，应当准备好备用电源。龙某系种烟大户，家中有发电机，可作备用电源使用。在停电后，龙某使用了备用电源至 9 月 18 日 24 时左右，最终因油料用尽而停止了使用。至供电恢复时，龙某烤棚中已经在烤制的烟叶全部损坏。事后，龙某邀请了供电所、村委会和该地区烟叶收购站的工作人员到烤棚处查看了损失情况。之后，龙某将损坏烟叶的残留物全部焚烧。龙某与该县供电公司双方就龙某要求的损害赔偿问题协商未果。2014 年 11 月，龙某起诉至法院，请求判令县供电公司赔偿龙某烤烟损失 23738.4 元，9 月 19 日至 11 月 25 日的误工费 19040 元，共计 42778.4 元。

一审法院认为，县供电公司未及时履行对电力设施的管理义务，是导致龙某烟叶损失的次要原因，应当承担次要责任，以承担全部责任的 10% 为宜。龙某不服上诉。二审维持原判，再审驳回申请。

二、法律分析

（一）关键法条和合同条文

《侵权责任法》

第二十六条　被侵权人对损害的发生也有过错的，可以减轻侵权人的责任。

《电力法》

第二十八条　用户对供电质量有特殊要求的，供电企业应当根据其必要性和电网的可能性，提供相应的电力。

第六十条　因电力运行事故给用户或者第三人造成损害的，电力企业应当依法承担赔偿责任。

电力运行事故由下列原因之一造成的，电力企业不承担赔偿责任：

（一）不可抗力；

（二）用户自身的过错。

因用户或者第三人的过错给电力企业或者其他用户造成损害的，该用户或者第三人应当依法承担赔偿责任。

《合同法》

第一百一十七条　因不可抗力不能履行合同的，根据不可抗力的影响，部分或者全部免除责任，但法律另有规定的除外。当事人迟延履行后发生不可抗力的，不能免除责任。

本法所称不可抗力，是指不能预见、不能避免并不能克服的客观情况。

第一百八十一条　因自然灾害等原因断电，供电人应当按照国家有关规定及时抢修。未及时抢修，造成用电人损失的，应当承担损害赔偿责任。

《低压供用电合同》

第二条　供电方式

2. 因电网意外断电影响安全生产的，用电人应自行采取电或非电保安措施。用电人若有保安负荷时，应自备应急电源，并装设可靠的闭锁装置，防止向电网倒送电。

（1）用电人自备发电机＿＿＿＿＿千瓦，闭锁方式为＿＿＿＿＿。

（2）不间断电源（UPS）＿＿＿＿＿千瓦。

《高压供用电合同》（国家电网 2017 版）

5. 自备应急电源及非电保安措施

用电人自行采取下列电或非电保安措施，确保电网意外断电不影响用电安全：

5.1　自备应急电源

用电人自备下列电源作为保安负荷的应急电源：

（1）用电人自备发电机＿＿＿＿＿千瓦；

（2）不间断电源（UPS/EPS）＿＿＿＿＿千瓦；

（3）自备应急电源与电网电源之间装设可靠的电气/机械闭锁装置。

5.2　用电人按照行业性质应当采取以下非电保安措施：

（1）＿＿＿＿＿＿＿；

（2）＿＿＿＿＿＿＿；

（3）＿＿＿＿＿＿＿。

《高压供用电合同》（国家电网 2017 版《低压供用电合同》也有此条款）

37.6　有如下情形之一的，供电人不承担违约责任：

（1）符合本合同第 14 条约定的连续供电的除外情形且供电人履行了必经程序的；

（2）电力运行事故引起开关跳闸，经自动重合闸装置重合成功的；

（3）多电源供电只停其中一路，其他电源仍可满足用电人用电需要的；

（4）用电人未按合同约定安装自备应急电源或采取非电保安措施，或者对自备应急电源和非电保安措施维护管理不当，导致损失扩大部分；

（5）因用电人或第三人的过错行为所导致；

（6）因用电人原因导致供电人未能履行电能质量保证义务的；

（7）不可抗力；

（8）用电人应对其设备的安全负责，供电人不承担因被检查设备不安全引起的任何直接损坏或损害的赔偿责任；

（9）法律、法规和规章规定的其他免责情形。

（二）地方法律法规

《浙江省电网设施建设保护和供用电秩序维护条例》2014 年 7 月 1 日实施

第三十七条　发生停电可能造成人身伤亡、重大社会影响、较大环境污染或者重要设备损坏的用户以及对供电可靠性有特殊要求的用户，应当按照国家和省有关规定配备多路电源、自备电源或者采取非电性质应急安全保护措施，供电企业应当在技术上予以指导和协助。

用户按照规定应当配备多路电源、自备电源而未配备，应当采取非电性质应急安全保护措施而未采取的，该用户因停电产生的损失由其自行承担。

（三）要点简析

供电人与用电人之间存在供用电合同关系，因停电给用电人造成的财产损失而引发的纠纷，属于一般侵权纠纷，而非高度危险作业的特殊侵权纠纷，适用过错责任而不是高度危险作业的无过错责任原则。

1. 供电企业有管理电力设施的义务

如前文案例，法院认可大风刮倒树木损坏高压线是导致停电故障的直接原因，也是根本原因，属于自然因素，具有不可抗力。

其次，法院查明，供电公司在履行供电设施管理义务方面存在瑕疵：一是故障地点周边树草丛生，一旦出现暴雨大风天气，很可能出现故障，损坏供电设施，该县供电公司一直疏于对故障处供电设施及周边的管理，未予排除安全隐患。二是该地区线路有多处分闸，本可以关掉分闸，不至于影响龙某所在地的供电，但在本案故障发生前，该分闸开关已发生故障，县供电公司只是进行了临时维修，将该处分闸的线路直接连线，导致出现故障时不能断开。

法院认为，供电公司对供电设施存在管理不到位的过错，虽然并不必然导致龙某产生损失，但如果供电公司线路巡视到位、廊道清理到位、设施维护到位，在出现恶劣的自然原因时，则可能避免龙某产生损失。在自然原因的作用下，该过错与损害后果之间产生了直接的因果关系。因此，未及时履行对电力设施的管理义务的过错是导致龙某烟叶损失的次要原因。

这一判决理由，值得其他供电企业关注与防范。

2. 用户有配备自备电源的义务

前文案例的停电事故系因天气原因致使大风刮倒树木损害供电的高

压线所致。用电人启动备用电源一段时间后，因燃料用尽而停止了发电机的使用，致使财产受到损害。用电人长期从事烟叶烤制工作，对烟叶烤制所需要的条件和设备应非常了解，并做好相应的准备工作。当停电事故发生后，用电人也确实启动了备用电源，使用一段时间后才因油料不足而导致发电机不能发电，致使烤烟棚的烟叶遭受损失。法院认为，龙某的烟叶造成损失，根本原因是自然因素，系不可抗力造成。主观过错方面，龙某从县供电公司得知预计第二天才能恢复供电，应当使用备用电源后，未准备充足油料，导致备用电源无法持续使用，是造成其烟叶损失的主要原因，龙某应当自负主要责任，以90%为宜。

3. 供电方适用不可抗力抗辩的范围有限

前文案例中，法院虽然认定了事故原因具有不可抗力，但并未依据《电力法》免除供电公司的责任。从《合同法》第一百一十七条的角度，不可抗力也不是必然地免除合同当事人的全部责任。因此，法院依据《侵权责任法》判定了供电公司承担较少的过错责任，于本案也算取得了较好的效果。

值得注意的是，鉴于不可抗力的不能预见、不能避免并不能克服即"想不到、躲不过、搞不定"的属性，对于雷电、大风、雨雪这种直观感受较强的恶劣天气，认定具有不可抗力的可能性较大。但高温、冰冻等天气造成设备事故引起的停电，是否具有不可抗力则认定较难。如迎峰度夏期间，因变压器过载引起的停电事故，是否属于不可抗力，尚值得商榷。

三、管理建议

1. 加强供用电合同的规范管理

笔者曾遇到这么一个案例：供用电合同关于自备电源条款的空白处未划"/"，法院认为双方约定不明，供电公司无法免责。因此，基层单位在签订供用电合同时，务必按照国家电网公司及各网省公司下达的说明规范填写。特别应关注：一是自备电源的约定条款要清晰，要在主合同中明确约定自备电源的容量，如果没有自备电源，也应在"（1）用电人自备发电机_____千瓦。"的下划线上划上"/"。二是要明确非电保安措施条款，并签订自备电源补充协议，明确自备电源的配置和维护责

17

任界限等。三是对免责条款,最好下划线提请用户重视,避免因事先拟定的条款免除自己的责任或加重对方的责任,成为无效条款。

2. 加强对电网设施设备的运维管理

供电企业作为供用电合同的供电履约方,应主动作为,增强责任意识,做细做实各项工作,切实提升供电可靠性水平,既是优质服务的需要,也能最大限度地防范因停电造成客户损失而导致的法律纠纷。一是要做好线路日常巡视、特殊巡视、廊道清理等运维工作,对于发现的设备缺陷和通道安全隐患,及时以书面形式上报管理部门,按照缺陷重要性等级,尽快安排消缺工作。二是加强迎峰度夏、度冬和农忙季节产权分界点表计端电压、功率因数的跟踪监测。特殊时段设备运行工况较为恶劣,电网负荷波动大,易发生低电压、跳闸停电、功率因数不合格等故障,影响客户设备的正常供电,应及时跟踪处理。

3. 合理规划配电网络

对于农村、山区等原先网架结构薄弱的地区,要加大增容布点和线路改造力度,增强供电能力。10千伏及以下线路较长的应尽量采取多电源点环路供电,加装分闸开关并规范运维,减少故障停电影响范围。

4. 履行重要客户告知、技术服务等责任

供电企业的基层班组、供电所应建立辖区重要用户、敏感客户的台账资料,按时上门服务,根据其用电需求特性和供用电合同条款约定,书面告知用户可能发生的供电风险,提醒用户做好自备电源、发电机及油料的保养和储备工作,开展必要的技术服务支持。

四、参考案例

案例:停电事先通知很重要,可以作为免赔事由

案号:(2009)新民二初字第 22 号、(2011)豫法民一终字第 116 号、(2012)新民二初字第 3 号、(2014)豫法民一终字第264 号

案情简介:某化肥厂自 1999 年 8 月成立后,与该地区电业局形成了长期供用电合同关系。从 2000 年 8 月 17 日起至 2003 年 6 月 18 日,因电业局地调转供、突然停电、电压波动、网路故障、压负荷等原因共 13 次造成化肥厂减产、停产、设备受损。一审法院按照鉴定机构做出的鉴定意见中与本案相关联的部分,判决电业局赔偿化肥厂减产、停产、设

备损失共计 2408275.64 元及利息。二审法院对 13 次停电原因及赔偿责任进行了重新认定，认为供电公司对因供电失常、网路故障、网络电压波动、倒供压负荷、地调转供限负荷等原因停电给化肥厂造成的停产及设备损失应承担赔偿责任，对已于事前在合理时间内通知了化肥厂的转供限电引起的停电不承担赔偿责任，因此变更赔偿额为 1431828.94 元及利息。

专题三 欠费停电应程序到位避免成被告

一、案例简介

案号：（2016）桂 12 民初 5 号

原告某公司于 2006 年 9 月 4 日成立，经营范围包括原煤开采及销售，某煤矿系该公司所有的矿山。某煤矿于 2014 年 7 月 7 日取得采矿许可证，有效期至 2020 年 7 月 7 日。供电公司向某煤矿供电，双方没有签订书面的供用电合同，但已形成实际上的供用电合同关系。自 2015 年 2 月起至 2015 年 12 月，该公司在 2 月到 6 月、8 月和 10 月共 7 个月超过期限支付电费，并向供电公司支付了相应的违约金。

2016 年 1 月 24 日供电公司营业所向该煤矿送达《缴费通知书》后，分别于 1 月 25 日、1 月 28 日将欠费停电通知送达该公司，要求该公司根据停电时间和范围做好煤矿生产安全措施，及时撤离井下人员。供电公司还向县政府请示，请求政府协助督促煤矿做好停电前的安全应对措施并督促该煤矿及时缴费，交清电费后将复电。2016 年 1 月 29 日，供电公司向该公司送达《欠费停电确认书》后，于 1 个小时后实施停电。该公司起诉称，因供电公司擅自停止供电，致使井下无法照明、抽风、抽水，所有采矿区全部被淹没，要求供电公司赔偿经济损失 38175970.00 元。

一审法院认为供电公司中止供电的行为符合相关法律规定，供电公司中止供电的行为没有违约。关于供电公司应否赔偿该公司的损失的问题，供电公司中止供电的行为符合法律规定，中止供电行为没有违约，且按照双方合同约定及相关法律规定，煤矿应自配备用电源，但煤矿对备用电源不进行维护，对停电后造成的损失持放任的态度，应自行承担该损失。判决驳回原告诉讼请求。

二、法律分析

（一）关键法条

《合同法》

第一百八十条　供电人因供电设施计划检修、临时检修、依法限电或者用电人违法用电等原因，需要中断供电时，应当按照国家有关规定事先通知用电人。未事先通知用电人中断供电，造成用电人损失的，应当承担损害赔偿责任。

第一百八十二条　用电人应当按照国家有关规定和当事人的约定及时交付电费。用电人逾期不交付电费的，应当按照约定支付违约金。经催告用电人在合理期限内仍不交付电费和违约金的，供电人可以按照国家规定的程序中止供电。

《电力法》

第二十九条　供电企业在发电、供电系统正常的情况下，应当连续向用户供电，不得中断。因供电设施检修、依法限电或者用户违法用电等原因，需要中断供电时，供电企业应当按照国家有关规定事先通知用户。

用户对供电企业中断供电有异议的，可以向电力管理部门投诉；受理投诉的电力管理部门应当依法处理。

《供电营业规则》

第六十六条　在发供电系统正常情况下，供电企业应连续向用户供应电力。但是，有下列情形之一的，须经批准方可中止供电：

1. 对危害供用电安全，扰乱供用电秩序，拒绝检查者；

2. 拖欠电费经通知催交仍不交者；

3. 受电装置经检验不合格，在指定期间未改善者；

4. 用户注入电网的谐波电流超过标准，以及冲击负荷、非对称负荷等对电能质量产生干扰与妨碍，在规定限期内不采取措施者；

5. 拒不在限期内拆除私增用电容量者；

6. 拒不在限期内交付违约用电引起的费用者；

7. 违反安全用电、计划用电有关规定，拒不改正者；

8．私自向外转供电力者。

有下列情形之一的，不经批准即可中止供电，但事后应报告本单位负责人：

1．不可抗力和紧急避险；

2．确有窃电行为。

第六十七条　除因故中止供电外，供电企业需对用户停止供电时，应按下列程序办理停电手续：

1．应将停电的用户、原因、时间报本单位负责人批准。批准权限和程序由省电网经营企业制定；

2．在停电前三至七天内，将停电通知书送达用户，对重要用户的停电，应将停电通知书报送同级电力管理部门；

3．在停电前30分钟，将停电时间再通知用户一次，方可在通知规定时间实施停电。

第六十八条　因故需要中止供电时，供电企业应按下列要求事先通知用户或进行公告：

1．因供电设施计划检修需要停电时，应提前七天通知用户或进行公告；

2．因供电设施临时检修需要停止供电时，应当提前24小时通知重要用户或进行公告；

3．发供电系统发生故障需要停电、限电或者计划限、停电时，供电企业应按确定的限电序位进行停电或限电。但限电序位应事前公告用户。

《电力供应与使用条例》

第二十七条　供电企业应当按照国家核准的电价和用电计量装置的记录，向用户计收电费。用户应当按照国家批准的电价，并按照规定的期限、方式或者合同约定的办法，交付电费。

第三十九条　违反本条例第二十七条规定，逾期未交付电费的，供电企业可以从逾期之日起，每日按照电费总额的1‰至3‰加收违约金，具体比例由供用电双方在供用电合同中约定；自逾期之日起计算超过30日，经催交仍未交付电费的，供电企业可以按照国家规定的程序停止供电。

《高压供用电合同》

15．中止供电程序

15.1 因故需要中止供电的，按如下程序进行：

（1）供电设施计划检修需要中止供电的，供电人应当提前 7 日公告停电区域、停电线路、停电时间，并通知重要电力用户等级的用电人；

（2）供电设施临时检修需要中止供电的，供电人应当提前 24 小时公告停电区域、停电线路、停电时间，并通知重要电力用户等级的用电人。

15.2 发生以下情形之一的，供电人可当即中止供电：

（1）发生不可抗力或紧急避险；

（2）用电人实施本合同第 31.6 条至 31.11 条行为的。

15.3 因执行政府机关或授权机构依法做出的停电指令而中止供电的，供电人应按照指令的要求中止供电。

15.4 除以上中止供电情形外，需对用电人中止供电时，按如下程序进行：

（1）停电前三至七天内，将停电通知书送达用电人，对重要用电人的停电，同时将停电通知书报送同级电力管理部门；

（2）停电前 30 分钟，将停电时间再通知用电人一次。

15.5 引起中止供电或限电的原因消除后，供电人应在三日内恢复供电。不能在三日内恢复供电的，应向用电人说明原因。

（二）要点简析

1．欠费停电不属于供电公司违约行为

前文案例中，煤矿与供电公司营业所均系没有独立承担民事责任的主体，其行为的权利义务应由其设立和主管的单位承担，即煤矿的行为由某公司承担，营业所的行为由供电公司承担。该公司与供电公司虽然没有签订书面的供用电合同，但双方已经形成实际上的供用电合同关系，该合同没有违反法律、行政法规的强制性规定，为有效合同。供用电合同系双方有偿合同，供电人的义务是向用电人持续供电，用电人的义务是按时按量向供电人缴纳电费，双方应按照法律规定和合同约定行使权利和履行义务。

用电人在不及时支付电费时，供电人有向用电人中止供电的权利。本案中，该公司没有按时向供电公司支付电费，供电公司营业所向供电公司申请并取得中止供电的同意，供电公司有向该公司采取中止供电的权利。

2. 欠费停电也要履行通知义务

根据《电力法》第二十九条及《合同法》第一百八十条的规定，因供电设施检修、依法限电或者用户违法用电等原因，供电人在中断供电时，需要按照国家有关规定事先通知用电人。《供电营业规则》第六十六条、六十七条规定，对拖欠电费经通知催交仍不交者的中止供电，履行审批手续，提前三至七天送达停电通知，停电前30分钟再通知一次。前文案例中，供电公司停电前已向县政府请示，并分别于2016年1月24日、1月25日、1月28日将停电通知送达原告公司，并于2016年1月29日当天向其送达《欠费停电确认书》，供电公司已经给原告公司合理的期限，且多次通知，已经履行了事先通知的义务，符合法律规定的供电人中止供电的条件。

3. 行使不安抗辩权可以突破30天的限制

前文案例中，法院认为，《电力供应与使用条例》第三十九条"自逾期之日起计算超过30日，经催交仍未交付电费的，供电企业可以按照国家规定的程序停止供电。"中的"停止供电"，其法律含义是供用电合同的解除或者终止。本案中，供电公司系中止供电，只要原告公司支付电费即恢复供电，该行为属于不安抗辩权的行使，不是解除或者终止供用电合同的行为，不适用上述30天的规定。此案例的判决理由，值得其他供电企业处理同类案件时借鉴。

三、管理建议

1. 催费程序到位

前文案例表明，在催费程序到位、证据充分的情况下，法院对供电公司要求企业支付欠费的诉讼请求均给予支持。因此，供电企业必须按照《电力法》以及相关其他业务规定，规范催费程序，做好催费人员专业话术培训。期间涉及的告知义务务必到位，满足不同情况下提前通知的时间要求。

2. 保留关键证据

主要有两大类证据可收集。一是电子信息类证据。如催费短信、录音的催费电话及停电 30 分钟前的电话通知。催费话术要规范、准确，并尽量使用普通话。二是纸质材料。如催缴通知单回执、欠费停电通知单采用人工送达的签字回执、欠费停电通知单采用公正送达的证明材料等。建议对存在明显交费风险的用户，催费过程中涉及的各类表格、单据、签字材料均妥善保管，短信、电话等联系内容均录音、备份。

3. 规范供用电合同

一是严格按照国家电网公司、省公司供用电合同范本规范填写合同内容，关键文件要严格审核，避免文字表述不清造成合同歧义或无效。二是合同、协议妥善保管，避免合同原件丢失的情况。特别是后期补签的各类协议，应及时纳入供电公司的营销档案系统，妥善保管。

4. 完善协议格式及内容

建议供电企业向保险、金融行业学习，在与用户签订供用电合同、电费分次结算协议、智能缴费协议、自备电源协议等合同文本时，在合同末尾增加"本人已充分阅读全部材料，充分了解并知晓该协议相关内容，愿意遵守协议的各项规则"的条款，并请客户抄录条款、签字确认。同时对协议内的关键内容，如违约金、违约用电纳入社会征信等条款，作标粗等明显显示，避免产生无效条款。

四、参考案例

案例 1：还款协议自愿签订，受胁迫的抗辩不受支持

案号：（2013）汴民初字第 96 号、（2014）豫法民三终字第 38 号

案情简介：2010 年 12 月 21 日，因某公司拖欠电费，该地区供电公司与此公司签订一份协议，约定：自 2010 年 4 月至 2010 年 11 月期间，该公司欠供电公司电费 6686686 元。该公司承诺自 2011 年元月 1 日起不再拖欠电费，月结月清，在正常缴清电费的基础上，每月偿还原欠电费 50 万元，到 2011 年底还清所有电费。协议签订后，此公司未按约定还款，供电公司提起诉讼。一审法院判决该公司限期偿还电费 6686686 元。该公司提出上诉,称 2010 年 12 月 21 日签订的协议不是双方当事人真实意思表示，而是在县领导强迫下的行为，应认定无效。该公司欠交电费是由于供电公司在 2010 年 8 月至 10 月间 40 天停了 11 次电，且因供电公司未按照双方协议给该公司安装双回路供电线路，造成停电后企业无

法生产，机器设备损坏、报废，给企业造成了巨大损失。二审认为，用电人应当按照国家有关规定和当事人的约定及时交付电费，判决驳回上诉，维持原判。

案例2：欠费停电审批及通知程序到位，供电公司依法不承担责任

案号：（2015）长中民二初字第00064号、（2016）湘民终655号

案情简介：2012年4月10日，某供电公司（供电人）与某矿业公司（用电人）签订了《供用电合同》确立了供用电关系。截至2014年9月26日，该矿业公司欠缴电费57204572.2元。由于矿业公司欠费越来越多，供电公司分别于2014年10月31日、11月7日、11月13日向矿业公司送达《关于要求某矿业有限公司做好停电准备的通知》，告知矿业公司停电的时间，要求其做好停电准备。供电公司还在停电前将通知报送了县工业和信息化局、市经济和信息化委员会、国家能源局某监管办公室、省人民政府国有资产监督管理委员会、省煤炭管理局等单位。2014年11月7日、11月14日，供电公司对矿业公司分别停电8分钟、24分钟。停电前，供电公司将停电通知语音告知了矿业公司。2014年11月19日，省人民政府再次召开协调会议。2014年11月20日，供电公司根据会议纪要停电62分钟，矿业公司某煤矿矿井被淹。矿业公司诉至法院要求判决供电公司和省电力公司连带赔偿矿业公司损失8000万元。一审法院认为，供电公司停电理由充分，程序合法，不属侵权行为，驳回原告诉讼请求。二审维持原判。

专题四　窃电停电应取证到位避免成被告

一、案例简介

案号：（2012）常商终字第126号、（2013）苏商申字第451号

2011年4月1日，供电公司在用电检查时发现机械厂管理责任分界点内总表上存在三相计量电流互感器二次连接线被短接的窃电行为，遂向公安机关报警，并对机械厂停止供电和出具窃电处理通知单。通知单主要内容为机械厂用电已构成窃电，停止供电并请机械厂于2011年4月2日前，带检查书1份到供电公司客户服务中心接受处理。2011年4

月 18 日，机械厂向供电公司出具检查书 1 份，主要内容为机械厂在使用电力过程中未按供电公司要求对配电间严格管理，导致一用户窃电，对供电公司造成的损失表示歉意并保证今后加强对配电间的监督管理。同日，供电公司对上述窃电行为作出处理意见，确定机械厂应补电费607072 元，并处违约使用电费 1821216 元。同日，供电公司（甲方）与机械厂（乙方）签订付款协议 1 份，载明乙方采用分期付款方式补交电费 607072 元，并处三倍违约使用电费 1821216 元。

机械厂按付款协议约定向供电公司支付 1821216 元后，于 2011 年 8 月 30 日诉至法院，以司法机关未对窃电者和窃电金额作出认定，供电公司无权要求民事赔偿；签订付款协议和交款均受供电公司中止供电的胁迫为由，请求判令撤销机械厂与供电公司签订的付款协议。

一审、二审、再审法院均不支持机械厂的诉讼请求。

二、法律分析

（一）关键法条

《合同法》

第一百八十条　供电人因供电设施计划检修、临时检修、依法限电或者用电人违法用电等原因，需要中断供电时，应当按照国家有关规定事先通知用电人。未事先通知用电人中断供电，造成用电人损失的，应当承担损害赔偿责任。

《电力法》

第二十九条　供电企业在发电、供电系统正常的情况下，应当连续向用户供电，不得中断。因供电设施检修、依法限电或者用户违法用电等原因，需要中断供电时，供电企业应当按照国家有关规定事先通知用户。

用户对供电企业中断供电有异议的，可以向电力管理部门投诉；受理投诉的电力管理部门应当依法处理。

第七十一条　盗窃电能的，由电力管理部门责令停止违法行为，追缴电费并处应交电费五倍以下的罚款；构成犯罪的，依照刑法第一百五十一条或者第一百五十二条的规定追究刑事责任。

《电力供应与使用条例》

第三十一条　禁止窃电行为。窃电行为包括：

（一）在供电企业的供电设施上，擅自接线用电；

（二）绕越供电企业的用电计量装置用电；

（三）伪造或者开启法定的或者授权的计量检定机构加封的用电计量装置封印用电；

（四）故意损坏供电企业用电计量装置；

（五）故意使供电企业的用电计量装置计量不准或者失效；

（六）采用其他方法窃电。

《供电营业规则》（1996 年 10 月 8 日颁布施行）

第六十六条　在发供电系统正常情况下，供电企业应连续向用户供应电力。但是，有下列情形之一的，须经批准方可中止供电：

1．对危害供用电安全，扰乱供用电秩序，拒绝检查者；

2．拖欠电费经通知催交仍不交者；

3．受电装置经检验不合格，在指定期间未改善者；

4．用户注入电网的谐波电流超过标准，以及冲击负荷、非对称负荷等对电能质量产生干扰与妨碍，在规定限期内不采取措施者；

5．拒不在限期内拆除私增用电容量者；

6．拒不在限期内交付违约用电引起的费用者；

7．违反安全用电、计划用电有关规定，拒不改正者；

8．私自向外转供电力者。

有下列情形之一的，不经批准即可中止供电，但事后应报告本单位负责人：

1．不可抗力和紧急避险；

2．确有窃电行为。

第一百零一条　禁止窃电行为。窃电行为包括：

1．在供电企业的供电设施上，擅自接线用电；

2．绕越供电企业用电计量装置用电；

3．伪造或者开启供电企业加封的用电计量装置封印用电；

4．故意损坏供电企业用电计量装置；

5．故意使供电企业用电计量装置不准或者失效；

6．采用其他方法窃电。

第一百零二条　供电企业对查获的窃电者，应予制止并可当场中止供电。窃电者应按所窃电量补交电费，并承担补交电费三倍的违约使用电费。拒绝承担窃电责任的，供电企业应报请电力管理部门依法处理。窃电数额较大或情节严重的，供电企业应提请司法机关依法追究刑事责任。

（二）地方法律法规

《湖北省预防和查处窃电行为条例》自 2007 年 1 月 1 日起施行

第二条　本条例所称窃电行为，是指以非法占用电能为目的，故意采用下列方法不计量、少计量或者少计价的用电行为：

（一）在电力企业或者其他单位、个人供用电的设施上擅自接线的；

（二）绕越或者损坏用电计量装置的；

（三）伪造或者非法开启用电计量装置的法定封印的；

（四）致使用电计量装置不准或者失效的；

（五）使用窃电装置的；

（六）使用非法用电充值卡或者非法使用用电充值卡占用电能的；

（七）实行两部制电价用户私自增加电力容量的；

（八）非法改变用电计量装置的计量方法、标准的；

（九）采用其他方法非法占用电能的。

《山东省电力设施和电能保护条例》

第三十三条　任何单位和个人不得以非法占有电能为目的，实施下列窃电行为：

（一）擅自在供电企业的供电设施或者他人的电力设施上接线用电；

（二）绕越法定的用电计量装置用电；

（三）伪造或者开启计量检定机构加封的用电计量装置封印用电；

（四）以改变接线等方式故意使用电计量装置计量不准或者失效用电；

（五）擅自变更计量用电压互感器和电流互感器变比等计量设备参数，造成电费损失；

（六）擅自改变用电类别用电；

（七）使用电费卡非法充值后用电；

（八）采用其他手段实施的窃电行为。

禁止教唆、胁迫、指使、协助他人窃电或者向他人传授窃电方法。

禁止生产、销售或者使用窃电装置。

（三）要点简析

1. 供电企业有权查处窃电和追回违约使用电费

窃电是以少交或者不交电费为目的，采取不计量或少计量的手段非法占有电能的行为。前文案例中，根据双方的供用电合同，供电公司应按约定向机械厂提供电力，机械厂也应向供电公司交纳用电费用，并对相关电力设施负责运行维护管理。即使窃电行为系第三人所为，亦是机械厂疏于对相关电力设施的管理、维护所致，故供电公司既可依据侵权行为向第三人主张权利，亦可依据供用电合同的约定向机械厂主张权利。法院认为，供电公司依据供用电合同，根据《供电营业规则》第一百零二条规定对机械厂作出处理，机械厂认可供电公司的处理，并与供电公司签订付款协议，没有证据证明存在胁迫事由。付款协议是双方当事人的真实意思表示，并未违反法律法规的强制性规定，应属合法有效。

2. 确有窃电行为可以当场中止供电

窃电是否可以当场中止供电？这个问题一直困扰供电企业的用电检查现场工作人员。不停电不能及时制止窃电行为，停了电又存在被诉风险。《供电营业规则》第六十六条、第一百零二条规定，用户确有窃电行为，现场工作人员不经批准即可中止供电，但事后应报告本单位负责人。可见，对窃电者中止供电是法律赋予供电企业的权力，也是供电企业应当履行的职责。本案中，供电公司的中止供电行为并未违反法律法规的规定，故供电公司中止供电不构成胁迫。

3. 是否构成犯罪不影响供电公司追回违约使用电费的主张

涉案窃电行为是否构成刑事犯罪，并不影响供电公司根据供用电合同主张用电人承担相应的民事责任。机械厂认为公安机关已经对涉案窃电行为立案侦查，且在司法机关未对窃电者和窃电金额作出认定时，供电公司无权要求民事赔偿，该申请再审理由缺乏法律依据，不能成立。

4. 地方法规对窃电行为的认定有突破

根据《电力供应与使用条例》第三十一条、《供电营业规则》第一百零一条，窃电行为包括六种情况，对实务中长期困扰供电企业的超容用电、改变变比等明显以少交电费为目的的行为是否可以作为窃电，无明确规定。湖北、山东等地，以地方立法的形式，明确使用非法用电充值卡或者非法使用用电充值卡占用电能的、实行两部制电价用户私自增加电力容量的、擅自变更计量用电压互感器和电流互感器变比等计量设备参数造成电费损失等行为属于窃电，为供电企业打击窃电、防止国有资产流失，提供了较好的范本。

三、管理建议

1. 查处窃电应程序到位、证据确凿

供电企业主张用户存在窃电行为，应提交有效的证据予以证明。如果没有证据证明确有窃电、违法或违约用电的情况下，供电企业自行拆除用电计量装置，强行停止供电，则不符合举证及停电程序的要求，见文后参考案例1。用电检查过程中，如发现用户有窃电嫌疑，应及时通知公安、电力管理部门，对用电计量装置进行合法封存，按法定程序及时提供给有资质的机构出具测试报告，以证实用户有损坏计量装置致使计量装置计量不准、电量少计等窃电行为，否则将承担举证不能的法律后果。

2. 妥善运用信息系统加强窃电查处力度

当前，窃电方式日趋多样化、窃电技术日趋隐蔽性、智能化，窃电行为日趋产业化，对供电企业防窃电工作带来很大的挑战。供电企业一方面要充分应用现有的用电采集、线损分析等系统，及时发现线损、用电量异常，有针对性地开展重点对象的日常监测、比对，发现电量异常及时安排用电检查人员赴现场检查用户线路、用电计量装置、信息采集装置、用户设备等，及时发现并制止窃电行为。另一方面，也要加大科技攻关，针对无线遥控装置表前分流、红外遥控修改表码、强磁铁、预付费卡表私自充值等高科技窃电行为，开发应用集窃电筛选、定位、取证为一体的反窃电稽查系统，有效发现并减少窃电行为。

3. 充分发挥社会诚信体系减少窃电行为

根据国家发展改革委《社会信用体系建设规划纲要（2014—2020年）》，今后应加强供水、供电、供热、燃气、电信、铁路、航空等关系人民群众日常生活行业企业的自身信用建设，鼓励企业建立客户档案、开展客户诚信评价，将客户诚信交易记录纳入应收账款管理、信用销售授信额度计量，建立科学的企业信用管理流程，防范信用风险，提升企业综合竞争力。国家电网公司系统的各网省公司已将企业及个人用电交费信息纳入征信体系，明确了窃电、违约用电、欠交电费等行为将导致企业或个人的不良信用记录，对窃电行为起到了一定的震慑作用。

四、参考案例

案例 1：窃电现场处理不当，违约使用电费无法主张

案号：（2014）汕陆法民一初字第 226 号、（2015）汕尾中法民二终字第 13 号、（2014）汕陆法民一初字第 245 号、（2016）粤 15 民终304 号

案情简介：2014 年 9 月 26 日，某供电局到某地电杆查电，认为某酒店存在窃电行为，遂向该酒店送达了一份没有写明具体整改、处理内容的《用电检查结果通知书》，并于当日拆除了该酒店的用电计量装置（电能表），停止向酒店供电。酒店自行发电 3 天后发电机发生爆炸，于 2014 年 9 月 30 日自行架线用电，并参照上一年度同期缴费标准逐月将电费汇入供电局收费专用账户，供电局也未将酒店的缴费退回，该状态持续至 2015 年 1 月 20 日。

该案共涉及 4 个诉讼。

酒店请求供电局赔偿 2014 年 9 月 29 日餐室因停电造成客人未结账走掉损失、客房退房损失及 KTV 房客人未结账走掉损失共计 92404 元。一审法院判决供电局于判决生效之日起三日内恢复对酒店的供电，赔偿酒店因断电造成的经济损失人民币 20000 元。二审法院维持一审关于供电局于判决生效之日起三日内恢复对酒店供电的判决项，撤销一审关于供电局赔偿酒店因断电造成的经济损失人民币 20000 元的判决项。

供电公司以酒店两次窃电为由，诉至法院请求酒店支付电费2277871.32 元及违约金 6833613.96 元。一审法院认为，供电局没有证据证明酒店 2014 年 9 月 26 日前是否存在窃电，酒店自行接线通电行为虽然不符合用电规则，但该行为与明显和以少交或者不交电费为目的，采取不计量或少计量的手段非法占有电能的窃电行为不符，不属于窃电，驳回供电局的诉讼请求。二审维持原判。

案例 2：发现窃电未通知当事人，承担 50%的断电损失责任

案号：（2013）东民商初字第 640 号、（2014）张商终字第 218 号

案情简介：2011 年 12 月 18 日，被告工作人员为锦绣花园小区更换智能电表时发现原告赵某所购房屋的电表电压钩人为脱落，在未通知用

户到场的情况下，自行拍照取证，并认定该用户存在窃电行为。在更换了新电表之后对该用户断电，并作出补交电费及罚金的决定。后双方对断电及罚款事项进行协商，但未达成一致意见。2012年3月2日原告将房屋出租给兰某，后因该房屋一直不能通电，房屋无法使用，兰某要求原告退还房租80000元，赔偿违约金20000元。原告认为其退还兰某的100000元系被告私自断电所致。一审法院认为，被告工作人员在只有其单方面在场的情况下自行拍摄照片取证，认定赵某窃电行为存在程序瑕疵，应承担70%，即70000元的经济损失。二审法院认为，在用电问题没有解决之前，赵某明知房屋不能通电而将房屋出租他人，导致租赁合同不能履行是可预见的，因此租金损失应自行承担。但供电公司发现有窃电行为或损坏自己利益的行为发生时应及时通知侵权人。结合双方的过错程度，由供电公司承担因租赁合同不能履行产生违约金20000元的50%，即赔偿10000元的经济损失。

案例3：无法确定窃电行为人，实际使用人承担责任

案号：（2014）牡商终字第101号、（2015）黑高民申二字第563号

案情简介：2012年7月13日，被告某地供电公司用电检查人员发现某饭店电表铅封并非供电公司专用，而且电表B相失压灯闪烁，显示电表有问题，通知饭店实际经营人崔某到现场并将表盒打开，发现该电能表B相断开、C相虚接，B相累计计量电量为0.00kWh，该情形符合该省《反窃电条例》规定的窃电行为，但无证据证明是何人改动了该电表。该饭店缴纳电费79150.63元后，以受胁迫为由诉至法院，要求返还所交电费。一审、二审、再审法院认为供电公司程序合法，原告未提供充分证据佐证供电公司有胁迫行为，驳回原告诉讼请求。

第二章　触电纠纷专题

专题五　高压线下钓鱼触电无过错责任承担

一、案例简述

案号：（2014）蓬溪民初字第 2165 号

2014 年 8 月 23 日，蒲某与村民余某到河边钓鱼。当日上午 11 时许，蒲某手持钓鱼竿经过太平桥时，手中的钓鱼竿不慎触及横跨太平桥的 10 千伏高压线，致蒲某倒地后死亡。法院查明：蒲某身亡处距供电公司设置的"禁止在高压线下钓鱼"石制安全警示标志不足 4 米。2015 年 11 月 16 日，县供电公司为了提高配网防雷水平，更换了出事地点 9 号杆上的绝缘子。更换绝缘子后，出事地点该组线路边导线弧垂最低点至地面的距离为 7.36 米，边导线弧垂最低点至桥面的距离为 7.16 米。更换前线路与地面的距离无法证明。法院判定产权单位某供电公司承担 30% 的赔偿责任。

二、法律分析

（一）关键法条
《民法通则》

第一百二十三条　从事高空、高压、易燃、易爆、剧毒、放射性、高速运输工具等周围环境有高度危险的作业造成他人损害的，应承担民事责任，如果能够证明损害是受害人故意造成的，不承担民事责任。

《侵权责任法》

第七十三条　从事高空、高压、地下挖掘活动或者使用高速轨道运输工具造成他人损害的，经营者应当承担侵权责任，但能够证明损害是因受害人故意或者不可抗力造成的，不承担责任。被侵权人对损害的发生有过失的，可以减轻经营者的责任。

《电力法》

第五十四条　任何单位和个人需要在划定的电力设施保护区内进行可以危及电力设施安全的作业时，应当经电力管理部门批准并采取安全措施后，方可进行作业。

《电力供应与使用条例》

第十七条　公用供电设施建成投产后，由供电单位统一维护管理。经电力管理部门批准，供电企业可以使用、改造、扩建该供电设施。共用供电设施的维护管理，由产权单位协商确定，产权单位可自行维护管理，也可以委托供电企业维护管理。用户专用的供电设施建成投产后，由用户维护管理或者委托供电企业维护管理。

《供电营业规则》

第五十一条　在供电设施上发生事故引起的法律责任，按供电设施产权归属确定。产权归属于谁，谁就承担其拥有的供电设施上发生事故引起的法律责任。但产权所有者不承担受害者因违反安全或其他规章制度，擅自进入供电设施非安全区域内而发生事故引起的法律责任，以及在委托维护的供电设施上，因代理方维护不当所发生事故引起的法律责任。

《10 千伏及以下架空配电线路设计技术规程》（DL/T 5220—2005）

13.0.2　导线与地面或水面的距离，不应小于表 13.0.2 数值。

表 13.0.2　　　　导线与地面或水面的最小距离（m）

线路经过地区	线路电压	
	1kV～10kV	1kV 以下
居民区	6.5	6
非居民区	5.5	5
不能通航也不能浮运的河、湖（至冬季冰面）	5	5
不能通航也不能浮运的河、湖（至 50 年一遇洪水位）	3	3
交通困难地区	4.5（3）	4（3）

（二）要点简析

1. 高压设施产权人承担无过错责任

近年来，钓鱼触电案件多发。从事高压等活动造成他人损害的，经营者应当承担无过错责任。对于无过错责任应理解为"没有过错"应承担责任，还是"无论是否有过错"都应承担责任，一般认为是后者，即作为高压电力设施的产权方，一旦产权设施上发生触电事故，无论是否存在警示标志不到位、安全距离不够、用电检查不到位等过错，均应承担相应的责任。但是如果存在警示标志不到位、安全距离不够、用电检查不到位等过错，则承担赔偿责任的比例可能更高。见文后案例。

如果是低压380伏或220伏引起的触电案件，则适用过错原则，对供电人是否设有明显的警示标志、是否按要求履行用电检查义务、安全距离是否符合规范等举证要求较高。

2. 高压无过错责任体现了一定的社会公平性

无过错责任原则的公平性体现在"对弱者的加强保护"。根据《民法通则》及《侵权责任法》等相关规定，无过错责任的适用范围主要有：高度危险作业致害责任、环境污染致人损害责任、动物致人损害责任、地面施工致人损害责任、职务侵权致害责任、产品缺陷致害责任等。无过错责任意味着损害方在法律上有多于常人的注意义务。这是因为无过错责任加害方的行为或者状态有高度的危险性。这种高度危险性即使加害方穷尽注意，亦难以避免损害的发生，仅仅适用过错责任原则不足以保障人身及财产安全。

无过错责任原则具有预防性和惩罚性的作用，可以责成责任的承担者采取一切可能的措施，预防可能发生的损害和风险，不断地改进技术安全措施，防患于未然；可以促使从事高度危险作业和危险行为的人、产品制造者和销售者、环境污染的制造者以及动物的饲养人、管理人等，对自己的工作高度负责，谨慎小心从事，提高工作质量，尽力保障周围人员环境的安全；一旦造成损失，能迅速、及时查清事实，尽快赔偿人身损害和财产损失。

3. 被侵权人过错可以减轻或免除侵权人责任

根据《民法通则》第一百二十三条，高压钓鱼触电案件中，电力设施产权人免责的法定情形是受害人故意或者不可抗力；《侵权责任法》第七十三条又增加了减轻责任的法定情形，即被侵权人对损害的发生有过错。前文案例中，供电公司系从事高压活动的经营者，应该是本案承担赔偿责任的主体，且事发后未保护事故现场，无法证明出事地点所架设的供电设施在发生触电人身伤害事故时是否符合国家标准和电力行业标准，应对蒲某所遭受的损害承担赔偿责任。但蒲某作为理性的成年人，应当对自己的生命安全尽到最高的注意义务，其不顾出事地点处供电公司设立的警示标志，手持钓鱼竿经过架设有高压线的太平桥时未收起，导致触电事故的发生，自身存在重大过失，应当减轻被告的赔偿责任。高压钓鱼触电案件的判决书基本是此种描述方式。

三、管理建议

1. 充分重视产权分界点的约定，明确供电设施运行维护管理责任

在触电类案件实务中，首要的证据就是《供用电合同》中关于产权分界点的约定。因此，要加强对各类供用电合同的管理，不仅要严格使用统一合同文本，而且要准确、清晰、完整地填写产权分界点条款，对维护管理责任条款最好作下划线等着重提示，同时还应注意及时续签合同，避免合同超期。

2. 加强巡查，确保电网设施符合技术规范和安全要求

各类电力设施特别是架空线路的安全距离要作为日常巡查的重要内容，做好巡视记录，对不符合电力法律法规和电力行业技术标准、规程的电力设施要及时落实整改，排除安全隐患，减少触电安全事故的发生。

3. 加强农村地区电力设施警示标志的安装

供电企业要协同当地电力管理部门，依照《电力设施保护条例》规定，在人口密集地区、台区、钓鱼场所等事故易发地区，设置明显的永久性标志，并注意及时维护、管理与更换，同时做好电力设施现场周围地形的图片、影视公证资料备案。对跨鱼塘、房屋、山林等的电力设施，最好与产权人或承包人签订安全责任协议。

4. 及时报案固定证据

钓鱼类触电案件常遇到的问题，一是现场警示标志在触电案发后被毁，二是触电原因无法查明且举证困难。发生触电事故后，获悉触电事故的基层涉案单位应当立即向当地公安机关、管理部门及保险公司报案。涉案单位人员到达事故现场后，积极配合公安及安全管理部门做好案件的调查工作，同时开展现场证据收集及保护工作，向知情群众了解事故经过，并对现场环境拍照、摄像留存。

5. 加强安全用电常识和电力法律法规宣传

各级供电企业要充分利用各种宣传日、宣传周、宣传月等，采取有线电视、广播、书写标语、发宣传图片和传单等形式，深入用户强化安

全用电和电力法律法规宣传，提高广大用户安全用电的意识、法律素质和守法意识。

四、参考案例

案例1：供电企业产权的高压钓鱼触电，担责40%

案号：（2015）游民初字第2771号

案情简述：2015年10月18日上午，沈某在钓鱼时，被横穿鱼塘上方的一条10千伏高压电线电击倒地，经现场抢救无效死亡。现场有警示标志但不够明显，线路高度符合要求。一审法院认为被告该地区的电力分公司作为高压线路的管理经营者，无论是否有过错，都应承担责任，且并无证据证明沈某的死亡有故意或不可抗力因素，故不能免除责任。确定被告供电分公司承担原告损失的40%。

案例2：供电企业产权的高压钓鱼触电，担责35%，公路部门由5%改判为不担责

案号：（2014）一中民初字第08707号、（2015）高民终字第01044号

案情简述：原告刘某之夫臧某于2014年3月31日上午10点58分，在北京市某公路42.2公里路北侧高压电线下排水沟钓鱼时，因甩杆不慎，被10千伏高压电线击倒，经抢救无效死亡。事发地点10千伏高压线距正下方地面高度为5.63米，电线杆上有警示牌，写有"高压危险，严禁钓鱼"。该处距公路北侧8.5米，该处属县交通局管理。一审法院判高压线产权所有人承担35%，交通局承担5%。二审法院认为产权所有人援引已经废止的《最高人民法院关于审理触电人身损害赔偿案件若干问题的解释》作为其免责依据，不能成立，承担35%的无过错责任并无不当。

二审法院同时认为，交通局的职责系养护公路及其附属区域，该区域幅员广阔且对社会公众完全开放，若要求其对于该区域内可能发生的一切危险（尤其是与交通行为无关的危险，如钓鱼等）加以警示、发现和制止，则过于苛刻，故改判交通局不承担责任。

案例3：未设警示标志，供电企业产权的高压钓鱼触电担责60%

案号：（2013）启民初字第1773号、（2013）通中民终字第2003号、（2014）苏审二民申字第0998号

案情简述：2013 年 6 月 20 日中午 12 时许，高某在河边钓鱼，不慎将鱼竿碰触到鱼塘上方的高压线，当即触电死亡。该线路电力设施产权人为该市供电公司。事故发生前该地点未设置"高压危险""禁止钓鱼"警示牌。线路高度符合要求。一审法院判决供电公司承担 60%的责任。供电公司不服上诉。二审维持原判，再审驳回申请。

专题六　用户内部触电家保未跳的责任分担

一、案例简介

案号：(2015) 砀民一初字第 01815 号 (2015) 宿中民三终字第 00988 号

2015 年 7 月 28 日，王某在用镰刀清理自家厕所上的杂草时，不慎割破进入邻居曹某家被杂草丛覆盖着的电线，遭受电击后从站立的梯子上摔至地面，致其重度颅脑外伤，医治无效死亡。

经查明，该地区供电公司为曹某安装的室外用电线路系用白色室内电线架设，东南至西北走向，电表装在位于东南端的电表箱内，由电表箱至曹某家的室外线路未安装漏电保护器。该线路通过曹某院墙上方进入曹某家中，线路未固定在院墙上，与院墙相交处距离地面高度约为 2.2 米。一审法院以供电公司架设的线路未安装漏电保护器、高度未达标、室内线作为室外电线使用且未定期检修和维护为由，判决供电公司承担 70%的赔偿责任。供电公司不服上诉，二审维持原判。

案号：(2016) 桂 1021 民初 210 号、(2016) 桂 10 民终 1532 号

2015 年 7 月 17 日 13 时许，原告母亲黄某在本屯劳动归来打开其自家大门时，跌倒在铁门边，经过抢救无效死亡。病历诊断为触电死亡。一审法院认为供电公司作为经营电力的专业部门，未给原告用户安装漏电保护装置，且怠于对原告户的供电设备及主要线路进行安全检查，未在确保安全的情况下向原告户供电，造成原告的母亲黄某触电死亡，应承担 30%的责任。二审法院认为：受害人作为用电户，自行从门外电表接入电线，该段电线经过受害人的大门连到户内。受害人碰触的电线，由其一家自行支配和管理，所产生的后果也应由其自行

承担。供电公司在本案没有存在过错，不应承担赔偿责任。遂撤销一审判决。

二、法律分析

（一）关键法条

《供电营业规则》（1996年10月8日颁布施行）

第五十一条　在供电设施上发生事故引起的法律责任，按供电设施产权归属确定。产权归属于谁，谁就承担其拥有的供电设施上发生事故引起的法律责任。但产权所有者不承担受害者因违反安全或其他规章制度，擅自进入供电设施非安全区域内而发生事故引起的法律责任，以及在委托维护的供电设施上，因代理方维护不当所发生事故引起的法律责任。

《用电检查管理办法》（已于2016年1月1日废止）

第四条　供电企业应按照规定对本供电营业区内的用户进行用电检查，用户应当接受检查并为供电企业的用电检查提供方便。用电检查的内容是：

一、用户执行国家有关电力供应与使用的法规、方针、政策、标准、规章制度情况；

二、用户受（送）电装置工程施工质量检验；

三、用户受（送）电装置中电气设备运行安全状况的；

四、用户保安电源和非电性质的保安措施；

五、用户反事故措施；

六、用户进网作业电工的资格、进网作业安全状况及作业安全保障措施；

七、用户执行计划用电、节约用电情况；

八、用电计量装置、电力负荷控制装置、继电保护和自动装置、调度通讯等安全运行状况；

九、供用电合同及有关协议履行的情况；

十、受电端电能质量状况；

十一、违章用电和窃电行为；

十二、并网电源、自备电源并网安全状况。

《农村低压电力技术规程》(DL/T 499—2001)

5.1.1 剩余电流总保护和中级保护的范围是及时切除低压电网主干线路和分支线路上断线接地等产生较大剩余电流的故障。剩余电流末级保护装于用户受电端,其保护的范围是防止用户内部绝缘破坏、发生人身间接接触触电等剩余电流所造成的事故,对直接接触触电,仅作为基本保护措施的附加保护。

《农村安全用电规程》(DL/T 493—2001)

4.3.5 电力使用者的职责:必须安装防触电、漏电的剩余电流动作保护器,并做好运行维护工作;学习并掌握安全用电常识。

《漏电保护器安全监察规定》

第十二条 建筑施工场所、临时线路的用电设备,必须安装漏电保护器。

第十三条 手持式电动工具(除三类外)、移动式生活日用电器(除三类外)、其他移动式机电设备,以及触电危险性人的用电设备,必须安装漏电保护器。

《漏电保护器安装和运行》

7.1 漏电保护器在投入运行后,使用单位应建立运行记录并建立相应的管理制度。

7.2 漏电保护器投入运行后,每月需在通电状态下,按动试验按钮,检查漏电保护器动作是否可靠。雷雨季节应增加试验次数。

7.7 漏电保护器动作后,经检查未发现事故原因时,允许试送电一次,如果再次动作,应查明原因找出故障,必要时对其进行动作特性试验,不得连续强行送电;除经检查确认为漏电保护器本身发生故障外,严禁私自撤除漏电保护器强行送电。

《剩余电流保护器农村安装运行规程》

7.2.1 总保护额定剩余动作电流选择应以实现间接接触保护为主,并在躲过低压电网正常泄漏电流情况下,额定剩余动作电流应尽量小,以兼顾人身和设备安全的要求。

7.2.2 剩余电流末级保护中的家用电器、移动式电器、温室养殖与育苗、水产品加工等潮湿环境下使用的电器以及临时用电设备的保护器应实现直接接触保护。其额定剩余动作电流值应小于上一级保护的动作值，但不应大于 30mA。手持式电动器具额定剩余动作电流值为 10mA，特别潮湿的场所为 6mA。

9.1　产权所有者应对剩余电流动作保护器建立运行记录和试验记录。

《居民供用电合同》（格式合同，经各省工商备案）

8. 计费电能表的出线端处为双方产权分界点，依次指向供电电源侧的线路、电能表等配电设施均属供电方所有，计费电能表的出线端处指向用电侧的线路及防触电、漏电的剩余电流动作保护器（俗称漏电保护器）等用电设施均属用电方所有。双方按其产权分界，各自承担运行维护等责任。

（二）法律分析

用户内部低压触电，一般由 220/380 伏电压引起，属于"低压"范畴，因此不适用《民法通则》第一百二十三条的无过错归责原则，而应根据供用电双方的过错，判定各自应承担的责任。

1. 安装末级剩余电流保护器是电力使用者的责任

根据《农村安全用电规程》，电力使用者必须安装防触电、漏电的剩余电流动作保护器，并做好运行维护工作，学习并掌握安全用电常识；《居民供用电合同》第 8 条也明确约定剩余电流动作保护器属用电方所有，但农村用户常以不知规程规定、合同约定等为由，推卸安装三级剩余电流保护器的义务。从目前收集的几个参考案例看，各地法院对未安装末级剩余电流动作保护器或保护器不动作致触电事故的判决结果不完全一致，既有完全认为末级剩余电流动作保护器的安装责任在用户，供电企业不承担责任，也有以检查、监管不到位为由要求供电企业承担 10%左右的责任。

2. 供电企业的"总保"和"中保"不一定能保命

根据《农村低压电力技术规程》（DL/T 499—2001）5.1.1 规定，剩余电流总保护和中级保护的范围是及时切除低压电网主干线路和分支线路上断线接地等产生较大剩余电流的故障。剩余电流末级保护装于用户受电端，其保护的范围是防止用户内部绝缘破坏、发生人身间接接触触电等剩余电流所造成的事故，对直接接触触电，仅作为基本保护措施的附加保护。《剩余电流保护器农村安装运行规程》（DL/T 736—2000）7.2.2

规定，剩余电流末级保护中的家用电器、移动式电器、温室养殖与育苗、水产品加工等潮湿环境下使用的电器以及临时用电设备的保护器应实现直接接触保护。

根据以上规程，用户内部绝缘破坏、发生人身间接接触、潮湿环境的直接触电，由剩余电流末级保护负责，即末级剩余电流保护器才是俗称的"家保""户保"，才能有效防范用户内部触电事故。而总保、中级保护的职责主要是保护供电设施的安全运行，对户内剩余电流较小的触电，则不在动作保护范围。如果总保、中级保护的动作电流过小，也会引起更大范围的频繁停电，影响供电可靠性。受害人以总保未跳要求供电企业赔偿的，可以据此抗辩。

3. 供电企业有安全用电保障义务

本专题前文案例 2 中，一审法院以供电人疏于用电检查为由判定供电企业承担 30%的责任，二审法院认为用户内部产权的供电设施应自行支配和管理，所产生的后果也应由其自行承担，因此改判供电企业没有过错，不应承担赔偿责任。但前文案例 1 则完全不同，表前线路属供电企业所有，该线路存在高度未达标、室内线作为室外电线使用且未定期检修和维护等情况。在安装不规范存在安全隐患的产权线路上，供电企业也未加装漏电保护器，未能尽到安全检查、谨慎注意义务，存在电力运行监管失职行为。基于以上过错，法院认定供电企业的责任比例高达 70%。

三、管理建议

1. 加强农村地区末级保安器安装的宣传，争取政策支持

末级剩余电流保护器即俗称的"家保""户保"，作为保障用户设备及人身用电安全的重要装置，装设在表计出线侧，属于用户产权设备，应由用户出资安装和运行维护，供电企业履行技术指导和提醒的职责。

供电企业在工作中要加强与政府相关主管部门、乡镇、村一级组织的沟通，阐述末级保安器对保障农村家用电安全的重要意义，争取让政府部门出台相关支持户保普及安装的文件，最好能够落实一定的资金来源。同时通过安全课堂进农村、发放用电宣传单、播放新媒体视频等形

式，让用户明白自身应履行的义务，同时认识到规范装设户保的意义，促进其主动采购安装。

2. 规范供电企业的安装、购买等行为

由于户保属于用户产权设备，其购买、安装应属于用户行为，户主应承担相应的行为责任。根据《农村安全用电规程》第 4.1 条规定，电力管理部门负有农村用电的监督管理的职责，也应对用户采购户保设备是否合格、安装是否规范、有无正常投运提出建议。对用户擅自将户保退出运行，导致总保、中保跳闸的，要明确用户责任，监督其查清内部线路问题，消除故障后将户保恢复运行。同时，供电企业也应进一步完善合同相应条款，按供电设施产权归属确定各自应承担的法律责任，并书面告知农村低压用户总保、中保、户保的工作原理、保护范围及产权主体，争取用户的理解和支持。

3. 供电企业应从技术、设备上避免职责不清

实际操作中，末级剩余电流保护器一般安装于表箱内。表箱属于供电企业资产，主观上容易让用户认为漏保属于电网资产。此外，在开展表箱锈蚀破损更换、配合"新农村"建设对表箱作集中升级改造、"集抄集收"安装采集器更换用户表箱等工作时，由于表箱内一般自带漏保，供电企业则成为末级漏保的实际产权人，埋下了承担法律责任的隐患。且供电企业提供的表箱上没有明确的产权分界点提示，不能有效区分与用户的维护区域分界，造成用户自行短接、跨越漏保的情况时有发生，一旦发生触电事故，很难区分责任。以上情况需要供电企业加强研究，从技术手段、设备改造上，规范供用电双方关于末级漏保的安装、运行维护责任。

四、参考案例

案例 1：户内安装空调触电，供电企业不担责

案号：（2016）鲁 0404 民初 1539 号

案情简介：2016 年 7 月 24 日下午 15 时许，原告亲属张某在其家中给空调接电，不慎触电死亡。原告认为由于供电公司未在原告电表箱内安装断电保护器，致使原告亲属张某触电死亡，应承担赔偿责任。法院认为：根据《农村安全用电规程》和《供电营业规则》规定，原告院内

线路及用电设备属原告所有，应对其院内线路、用电设备负有维护管理的义务。因此原告以被告未安装漏电保护设施，未能断电，致使原告的亲属触电死亡等为由，要求被告对其亲属张某的死亡承担赔偿责任，没有事实和法律依据，法院不予支持。

案例 2：户内电线漏电触电，供电公司担责 10%

案号：（2015）安民初字第 02088 号、（2016）豫 05 民终 2090 号

案情简介：2015 年 6 月 1 日上午，万某让刘某给自家的洗澡间改造水管。刘某遂指派吴某、闫某带着工具和材料到其家进行施工。吴某施工过程中，使用电线连接时，因电线漏电、地面潮湿，导致其触电死亡。法院判定户主万某未按照临时用电要求，安装防漏触电保护装置，未提供安全用电场所及环境，未履行安全用电义务，承担 20% 的赔偿责任；雇主刘某提供的电线存在漏电风险，未尽到安全用电监督义务，存在较大过错，承担 40% 的赔偿责任；吴某违反用电操作规程，未穿戴绝缘手套和绝缘鞋，未检查用电工具，自身也存在过错，承担 30% 的责任。供电公司未对供电用户万某是否安装漏电保护装置进行检查，未进行有效的监管，承担 10% 的赔偿责任。供电公司不服上诉，二审维持原判。

案例 3：最高法认定：用户产权设施发生事故供电公司不因"经营者"而担责

案号：（2013）烟民一初字第 152 号、（2014）鲁民一终字第 494 号、（2015）民申字第 1767 号

案情简介： 2013 年 10 月 20 日，原告某果品公司发生火灾，烧毁库房、车间和其他物品，经评估损失为 5123253.14 元。消防部门作出火灾事故认定书，认定起火原因为该公司西侧冷库 3 号库与 4 号库常温穿堂南门外北侧距地高约 3.5 米处的 10 千伏高压电缆短路引发火灾。事故发生后，果品公司将供电公司诉至法院，要求全额赔偿其经济损失。涉案高压电缆系原告产权所有，由供电公司为果品公司架设，原被告双方的供用电合同约定"用电人应对受电设备进行维护、管理。"

一审法院依据《侵权责任法》第七十三条规定，认定被告供电公司为涉案电缆的"经营者"，判决供电公司承担 60% 赔偿责任。供电公司不服上诉。

二审法院认为，涉案高压电力设施的所有权属于果品公司，由其对该电力设施进行实际控制、享有利益，履行义务且更具备客观条件对该电力设施进行管理和维护，并对用电中的风险予以控制和预防，故应认定果品公司系本案中引起事故的电力设施的经营者，即因高压电造成损失的责任承担主体。二审撤销一审判决，驳回果品公司的诉讼请求。

果品公司不服向最高人民法院申请再审。最高院裁定：驳回果品公司再审申请。

专题七　高压线下违章建房触电的责任分担

一、案例简介

案号：（2015）寿民初字第 675 号、（2016）晋 07 民终 107 号

2015 年，张某把翻建房墙并直接加装彩钢瓦房顶的工程，以每平方米 85 元的价格承包给刘某。刘某又叫来同村的王某、康某、李某共同完成该项工程。2015 年 7 月 1 日下午，四人共同给张某安装彩钢瓦房顶，期间王某手持 4 米多长的方钢站在房墙上碰触到位于房墙上方的 10 千伏高压电线，造成王某触电的事故。经县人民医院抢救无效，王某于同日死亡。涉案高压线于 1992 年因修建某高速公路迁移至该村境内。

一审法院根据各方当事人的过错，酌情确定由刘某承担 20% 的赔偿责任，该地区供电公司承担 45% 的赔偿责任，张某承担 15% 的赔偿责任，王某自身承担 20% 责任。供电公司不服上诉，二审维持原判。

二、法律分析

（一）关键法条
《民法通则》

第一百二十三条　从事高空、高压、易燃、易爆、剧毒、放射性、高速运输工具等对周围环境有高度危险的作业造成他人损害的，应当承担民事责任；如果能够证明损害是由受害人故意造成的，不承担民事责任。

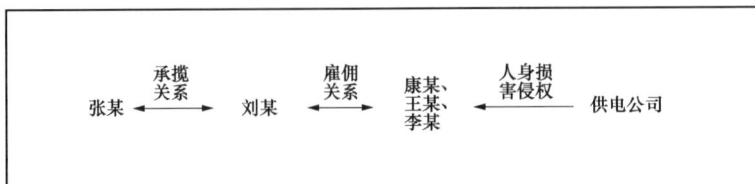

图 2-1：高压线下违章建房屡禁不止

《侵权责任法》

第三十五条　个人之间形成的劳务关系，提供劳务一方因劳务造成他人损害的，由接受劳务一方承担侵权责任。提供劳务一方因劳务自己受到损害的，根据双方各自的过错承担相应的责任。

第七十三条　从事高空、高压、地下挖掘活动或者使用高速轨道运输工具造成他人损害的，经营者应当承担侵权责任，但能够证明损害是因受害人故意或者不可抗力造成的，不承担责任。被侵权人对损害的发生有过失的，可以减轻经营者的责任。

《最高人民法院关于审理人身损害赔偿案件适用法律若干问题的解释》

第十条　承揽人在完成工作过程中对第三人造成损害或者造成自身损害的，定作人不承担赔偿责任。但定作人对定作、指示或者选任有过失的，应当承担相应的赔偿责任。

《10 千伏及以下架空配电线路设计技术规程》

13.0.2　导线与地面或水面的距离，不应小于表 13.0.2 数值。

48

表 13.0.2　　　　　　导线与地面或水面的最小距离（m）

线路经过地区	线路电压	
	1kV～10kV	1kV 以下
居民区	6.5	6
非居民区	5.5	5
不能通航也不能浮运的河、湖（至冬季冰面）	5	5
不能通航也不能浮运的河、湖（至 50 年一遇洪水位）	3	3
交通困难地区	4.5（3）	4（3）

13.0.4　1 千伏～10 千伏配电线路不应跨越屋顶为易燃材料做成的建筑物，对耐火屋顶的建筑物，应尽量不跨越，如需跨越，导线与建筑物的垂直距离在最大计算弧垂情况下，裸导线不应小于 3m，绝缘导线不应小于 2.5m。

1 千伏以下配电线路跨越建筑物，导线与建筑物的垂直距离在最大计算弧垂情况下，裸导线不应小于 2.5m，绝缘导线不应小于 2m。

线路边线与永久建筑物之间的距离在最大风偏情况下，不应小于下列数值：

1 千伏～10 千伏：裸导线 1.5m，绝缘导线 0.75m（相邻建筑物无门窗或实墙）。

1 千伏以下：裸导线 1m，绝缘导线 0.2m（相邻建筑物无门窗或实墙）。

在无风情况下，导线与不在规划范围内城市建筑物之间的水平距离，不应小于上述数值的一半。

（二）要点简析

1. 高压线路的产权人具有管理义务

10 千伏及以上高压线下违章建房触电的归责原则，与钓鱼触电案件一样，适用无过错责任原则。但是，本专题前文案例中法院判定该地区供电公司承担的责任并不是纯粹因为高压供电人应承担无过错责任。作为发生事故的 10 千伏高压线路的产权人与经营者，对该线路负有管理责任和巡视义务，在张某翻建房屋及安装彩钢瓦房顶过程中，供电公司未做好高压线路的巡视、检查工作，未及时消除安全隐患，确保高压线路安全运行，在本案中具有明显过错；并且供电公司无证据证明本案的损害是由于被害人故意或者不可抗力所致,因此,供电公司对王某的损失应承担相应的赔偿责任。

本案中,法院以未履行线路巡查义务为由,判定供电公司存在过错,应承担 45%的赔偿责任。相比一些高压线路产权的无过错责任,比例稍高一些。本案中,如果供电公司及时巡线,并下达整改通知书要求张某不得在高压线下加盖房顶,则承担责任的比例可能会有所下降。

2. 雇主有选任及安全保障的义务

张某将安装彩钢瓦房顶的工程承包给没有相关资质的刘某,有选任过失责任,其对施工人员亦负有一定的安全保障义务。张某在 10 千伏高压线路下修建建筑物,未通知该高压线路的所有人即该地区供电公司,致使王某发生事故时所处的位置存在一定的安全隐患。因此,张某对王某的死亡应承担相应的赔偿责任。

3. 当事人应有注意的义务

根据《侵权责任法》第三十五条,个人之间形成的劳务关系,提供劳务一方因劳务自己受到损害的,根据双方各自的过错承担相应的责任。户主张某与雇主刘某和王某之间,属于"个人之间的劳务关系",提供劳务的王某自己受到损害,应当根据各自的过错承担责任。作为完全民事行为能力人,应当意识到自己手持 4 米多长的方钢站在房墙上在高压电线下行走具有危险性,但其没有尽到应有的注意义务,亦未采取相应的安全措施,导致事故的发生,其自身存在一定的过错。根据《侵权责任法》第七十三条,可以减轻被告的赔偿责任。

三、管理建议

近年来,高压线下违章建房引发人身触电伤亡事故多发。根据中国裁判文书网显示,2016 年仅加装彩钢瓦房顶引起的触电判决就达 17 份。各级供电企业、电力设施产权人应落实好以下风险防范措施:

1. 加强线下违章建房危害性的宣传教育

通过广播、电视、微信等各种途径广泛宣传《电力法》《电力设施保护条例》等法律法规,宣传电力线路下建房的危险性,有条件的还应经常发放严禁电力线下建房的宣传单,留下高压线下违章建房的举报电话,方便群众相互监督。同时还应主动与当地国土、规划部门加强沟通，有效借助行政的力量减少线下违章建房。

2. 加强线路巡视，及时发现并整改隐患

各级供电企业、电力设施产权人应落实好定期巡线制度，避免巡视工作流于形式、巡查簿册记录缺失或虚假记录等情况，及时发现电力设施保护区的违章建筑，及时制止、消除安全隐患。对已发现的线下隐患应拍照登记，及时归档并整理。对拒不整改的单位或个人，还应上报安监、电力管理部门，提请相关部门协助解决线下隐患问题。

3. 有效送达隐患整改通知书

对一切违反电力法律法规和电力行业技术标准、规程的违章建筑架设、安装等任何危害电力设施安全的违法违规行为，应及时送达隐患通知书或整改通知书，坚决要求行为人或有关用户予以改正，必要时采取法律手段及时有力、有效地加以制止。对于部分房主拒不签收"限期整改通知书"的情况，要采取拍照公示、公证送达等方式，保证有效送达，为后续诉讼举证提供依据。

4. 做好触电事故应急处理

发生触电事故，应及时报警，协助公安机关现场勘查，保护现场，收集固定相关证据，形成痕迹管理意识，从而有效应对可能出现的纠纷。

四、参考案例

案例 1：违章作业触电致伤，供电公司不担责

案号：（2016）川 3425 民初 530 号、（2016）川 34 民终 895 号

案情简介：2015 年 6 月初，被告苏某承包了被告彭某房屋屋架和门窗制作工程，雇请了原告文某等人为其做工。2015 年 6 月 22 日下午 15 时许，原告在彭某房屋屋顶工作过程中，被高压电击伤。一审法院判定：该地区供电公司作为涉案高压线路的经营者和管理者，对本案损害事实的发生无过错，无承担赔偿责任的法律事实，不应承担本案的赔偿责任。二审法院支持供电公司不担责的判决，且根据当事人的过错程度，判定苏某作为雇主应承担 60% 责任，彭某作为定作人应承担 20% 责任。

案例 2：大风天违章搭建触电致伤，供电公司担责 50%

案号：（2016）津 0114 民初 475 号、（2016）津 01 民终 3671 号

案情简介：2015 年 4 月原告在被告天津市某消防器材有限公司院内从事钢结构厂房安装工作。在施工现场西侧院外南北向有一路 10 千伏高压线路，高压线距地 7.25 米，线东侧有一 5 米高厂房，施工房屋位于高压线东侧 4.8 米。符合规范要求。2015 年 4 月 22 日上午九时许，原告站在施工房屋西侧厂房上向上运送彩钢瓦时，因当日风大，彩钢瓦被刮偏碰到 10 千伏高压线，将原告电伤。一审法院认为，被告国网某公司作为高压线的产权人没有证明原告存在故意或者不可抗力的情形，其应承担部分民事赔偿责任。被告消防器材公司在电力设施保护区域内安装彩钢瓦房，没有取得电力部门的审批手续，没有采取安全措施，大风天气下仍安排施工，对于原告受伤，被告消防器材公司存在过错，其应承担部分民事赔偿责任。原告作为成年人对其在高压线下工作应尽到必要安全注意义务，对自身所受伤害也应承担部分责任。一审判定被告国网某供电公司承担 50%民事赔偿责任，被告消防器材公司承担 30%的责任。供电公司不服上诉，二审维持原判。

专题八　供电企业开展用电检查的责任不小

一、案例简介

案号：（2012）湖浔菱民初字第 11 号、（2013）浙湖民终字第 234 号、（2014）浙民申字第 1493 号

2008 年 11 月 14 日，某置业公司与所在地区供电局签订《临时供用电合同》一份，约定临时用电期限自 2008 年 11 月 14 日起至 2011 年 11 月 13 日止。2011 年 8 月 29 日下午，在拆除变压器上方的钢管前，在现场的倪某询问了公司工地人员沈某有无电的情况，沈某告知倪某工地没有电。倪某安排颜某开始作业。在拆卸工地变压器上方的钢管时，不慎碰到了变压器上方 10 千伏的接入变压器的高压电线，致颜某被电击伤。

图 2-2：供电企业深入企业开展用电检查

　　另查明：原供电局与置业公司签订的《临时供用电合同》约定，颜某所触碰的高压线路的产权属置业公司所有。置业公司的电费仅缴付至 2011 年 2 月 25 日，至本案事故发生时 2011 年 8 月 29 日已有六个月。

　　法院认为，置业公司停止缴付电费至事故发生时已有六个月，供电局却未终止置业公司的用电，客观上加大了发生触电事故的潜在安全隐患。据此判决供电局承担 10%的责任。供电公司不服上诉。二审维持原判，再审驳回申请。

二、法律分析

（一）关键法条与合同条款
《电力法》(自 1996 年 4 月 1 日起施行)

　　第三十四条　供电企业和用户应当遵守国家有关规定，采取有效措施，做好安全用电、节约用电和计划用电工作。

《电力供应与使用条例》

第十七条　公用供电设施建成投产后，由供电单位统一维护管理。经电力管理部门批准，供电企业可以使用、改造、扩建该供电设施。共用供电设施的维护管理，由产权单位协商确定，产权单位可自行维护管理，也可以委托供电企业维护管理。用户专用的供电设施建成投产后，由用户维护管理或者委托供电企业维护管理。

第二十四条　供电企业应当按照国家标准或者电力行业标准参与用户受送电装置设计图纸的审核，对用户受送电装置隐蔽工程的施工过程实施监督，并在该受送电装置工程竣工后进行检验；检验合格的，方可投入使用。

《供电营业规则》(1996 年 10 月 8 日颁布施行)

第三十三条　用户连续六个月不用电，也不申请办理暂停用电手续者，供电企业须以销户终止其用电。用户需再用电时，按新装用电办理。

第五十一条　在供电设施上发生事故引起的法律责任，按供电设施产权归属确定。产权归属于谁，谁就承担其拥有的供电设施上发生事故引起的法律责任。但产权所有者不承担受害者因违反安全或其他规章制度，擅自进入供电设施非安全区域内而发生事故引起的法律责任，以及在委托维护的供电设施上，因代理方维护不当所发生事故引起的法律责任。

《供电监管办法》

第七条　电力监管机构对供电企业的供电质量实施监管。

在电力系统正常的情况下，供电企业的供电质量应当符合下列规定：

（一）向用户提供的电能质量符合国家标准或者电力行业标准；

（二）城市地区年供电可靠率不低于99%，城市居民用户受电端电压合格率不低于95%，10千伏以上供电用户受电端电压合格率不低于98%；

（三）农村地区年供电可靠率和农村居民用户受电端电压合格率符合派出机构的规定。派出机构有关农村地区年供电可靠率和农村居民用户受电端电压合格率的规定，应当报电监会备案。

供电企业应当审核用电设施产生谐波、冲击负荷的情况，按照国家有关规定拒绝不符合规定的用电设施接入电网。用电设施产生谐波、冲击负荷影响供电质量或者干扰电力系统安全运行的，供电企业应当及时告知用户采取有效措施予以消除；用户不采取措施或者采取措施不力，产生的谐波、冲击负荷仍超过国家标准的，供电企业可以按照国家有关规定拒绝其接入电网或者中止供电。

第九条 电力监管机构对供电企业保障供电安全的情况实施监管。

供电企业应当坚持安全第一、预防为主、综合治理的方针，遵守有关供电安全的法律、法规和规章，加强供电安全管理，建立、健全供电安全责任制度，完善安全供电条件，维护电力系统安全稳定运行，依法处置供电突发事件，保障电力稳定、可靠供应。

供电企业应当按照国家有关规定加强重要电力用户安全供电管理，指导重要电力用户配置和使用自备应急电源，建立自备应急电源基础档案数据库。

供电企业发现用电设施存在安全隐患，应当及时告知用户采取有效措施进行治理。用户应当按照国家有关规定消除用电设施安全隐患。用电设施存在严重威胁电力系统安全运行和人身安全的隐患，用户拒不治理的，供电企业可以按照国家有关规定对该用户中止供电。

《高压供用电合同》（南方电网公司版）

为保证供电、用电安全，供电方将定期或不定期对用电方的用电情况进行检查，用电方应当予以配合，用电检查人员在执行查用电任务时，应向用电方出示《用电检查证》，用电方应派员随同配合检查并签收有关用电检查单据。

《高压供用电合同》（国家电网公司 2017 版）

29.2 供电人依法进行用电检查，用电人应提供必要方便，并根据检查需要，向供电人提供相应真实资料。用电检查的内容是：

（1）用户受（送）电装置工程施工质量检验；

（2）用户受（送）电装置中电气设备运行安全状况；

（3）用电计量装置、电力负荷控制装置、继电保护和自动装置、调度通讯等安全运行状况；

（4）供用电合同及有关协议履行的情况；

（5）受电端电能质量状况；

（6）违章用电和窃电行为；

（7）并网电源、自备电源并网安全状况。

（二）要点简析

1. 供电设施的产权人应承担维护责任

根据《电力供应与使用条例》第十七条、《供电营业规则》第五十一条，在供电设施上发生事故引起的法律责任，按供电设施产权归属确定。产权归属于谁，谁就承担其拥有的供电设施上发生事故引起的法律责任。同时，前文案例中的供用电双方在合同中也明确约定"在供电设施上发生的法律责任，以供电设施产权归属确定"。前文涉案的事故发生时，置业公司对包括涉案的变电设施在内的整个建设工地处于无人监管状态。对此，置业公司存在明显的过错，应承担较之于其他侵权人更重的赔偿责任。

2. 供电企业应承担用电检查责任

前文案例经过一审、二审、再审程序，均认定供电企业有用电检查的义务，并以此判定供电企业承担 10% 的责任。供电局作为电力的供应方，根据《电力法》《供电营业规则》《供电监管办法》等相关规定，应当定期或不定期对用户执行国家有关电力供应与使用的法规、规章制度等情况进行检查。在置业公司非正常缴付用电费用的情况下，供电局应对置业公司的电力使用情况进行检查，确保用电安全；并在用户连续六个月不用电且不申请办理暂停或销户用电手续时，予以销户终止其用电。因供电局未尽检查义务，从置业公司停止缴付电费至事故发生时已有六个月，仍未终止置业公司的用电，与本案事故的发生存在一定的因果关系，应当承担相应的责任。

从文后所列的其他参考案例也可以看出，在供电企业没有其他过错的情况下，可能因为用电检查不到位而承担 10% 的责任。如果供电企业同时还存在装置不合理、巡视抢修不到位、警示警告不到位等过错，则可能加重供电企业的责任。

3. 《用电检查管理办法》废止后，供电企业仍有用电检查的权利和义务

值得注意的是，用电检查既是供电企业的权利，同时也是供电企业的义务。《用电检查管理办法》虽已于 2016 年 1 月 1 日经发展改革委第 31 号令废止，但供电企业的用电检查义务在《电力法》第三十二条、《电力供应条例》第二十四条、《供电监管办法》第七、第九条等仍有规定，

法律、法规并未完全去除供电企业的用电检查义务。原《用电检查管理办法》关于用电检查职责的规定，也是一把双刃剑。如下文参考案例 1，法院也可以依据该办法的相关规定，认为供电公司有用电检查的义务，从而判定供电公司未履行义务应承担责任。同时，现行的《高压供用电合同》也还有关于用电检查的内容。下文参考案例 3 中，供电公司认为双方关于用电检查的合同约定条款是赋予供电局检查用电方用电情况的权利，并不是约定供电方的安全用电检查义务，该抗辩理由未被法院采纳。

三、管理建议

本章前文及文后所列的案例均经历两次及以上诉讼，最终判决供电公司承担 10%或以上的赔偿责任。由于触电线路非供电公司所有，且产权人存在现场管理不到位、违约用电甚至窃电等情况，最终供电企业仍然因检查、巡视不到位而承担赔偿责任，虽然在触电类案件中判赔比例较低，但与以往以产权归属划分责任的常规理解显然大相径庭。可见，产权并不是此类案件中法院认定赔偿责任的唯一依据。供电企业作为电力供应部门，应高度重视并慎重开展用电检查工作。

1. 规范开展用电检查工作

自 2016 年 1 月《用电检查管理办法》废止以来，社会各界对供电企业行使用电检查权存在诸多质疑。供电企业员工自身，也存在担心法律保护不够，惧于开展用电检查的情况。如前所述，《用电检查管理办法》虽已废止，但《电力供应条例》等生效的法律、法规，仍有关于供电企业开展用电检查的相关规定，供电企业的用电检查义务仍然存在，仍需各级供电企业按照要求的频度、范围，更加规范地做好相应的用电检查工作。

2. 加强特殊情况的检查力度

特别要加大拆迁地区巡查力度，做好与拆迁办的沟通，尽量在协商一致的情况下先断电再拆迁，相关工作留下记录，如相应工作票以及现场断电视频等。对未断电已拆迁的地区要做好巡查，对需要断电的支线进行断电，对不能断电但无处固定的电线做好支架、临时固定等安全措施。

3. 特别重视证据留存

如文后所列参考案例 1 中，案发电话线因窃电搭建，具有一定的隐蔽性。供电企业对此类窃电或违约用电相对严重的地区，不仅应做好日常用电检查工作，还应特别重视留存相应的用电检查记录，检查记录中对方当事人的签字一定要到位，而且不得由供电企业人员代签，以便作为此类案件中供电企业已尽相关义务的重要证据。

四、参考案例

案例 1：用户私拉乱接致人触电，供电公司承担 10%的用电检查责任

案号：（2014）崇民终字第 224 号、（2015）桂民申字第 603 号

案情简介：黄某未经供电公司准许，擅自从家中接拉照明电线横跨屯前的简易公路至 1 千米外的鱼塘。受害人苏某连接该断落电线时触电死亡。受害人家属要求供电公司承担赔偿责任。　审法院认为，本案系低压电触电人身损害责任纠纷，应适用过错归责原则确定损害赔偿责任。根据《用电检查管理办法》，用电企业应对用电户的用电安全等内容进行定期或不定期的检查。本案中黄某违章私拉电线的情况持续存在 4 个月以上，供电公司未依法进行检查并发现该安全隐患，是造成触电事故的原因之一，供电公司存在过错。判决公司承担 10%的赔偿责任。供电公司不服上诉。二审维持原判。供电公司申请再审，被驳回再审申请。

案例 2：用户窃电致人触电，供电公司承担 10%的用电检查责任

案号：（2016）津 0116 民初 61684 号、（2014）滨港民字第 1856、1857 号

案情简介：2011 年 7 月 30 日，原告李某外出游玩，行至祝某家房屋时，被隐蔽在草丛中的电线电击。李某父亲对李某施救时，也被电线电击。事故造成李父死亡，李某多处烧伤。法院查明造成原告触电的线路并非供电公司所有，为用户私自接线窃电所搭建的线路。但最终法院认定供电公司负有用电检查责任，且拆迁片区作为用电比较复杂的区域，更应履行比平常较高的注意义务，对未能发现的偷电行为或者其他违法用电的情形所造成的损害，应当承担 10%的赔偿责任。

案例 3：接电时用电设施未达标，供电公司承担 30%责任

　　案号：（2015）海中法民一终字第 217 号、（2016）琼民申 430 号

　　案情简介：2011 年 6 月，海口市某小区发生触电事故。经查明，事发时受害人所在楼层供电线路处于接地失效的状态。事发地供电公司与该小区物业于 2004 年签订的《高压供用电合同》第八条第 10 项有"由于双方的安全供电和安全用电条件尚未达到国家规定的有关标准"的约定。法院一审、二审认为，供电公司明知涉案小区供电和用电条件不符合国家规定的安全标准，仍向该小区供电，且未尽到安全检查用电情况的义务，具有一定过错，应承担 30%过错责任。供电公司申请再审，称事发时距《高压供用电合同》签订时间已长达七年之久，即便在 2004 年安全用电条件尚未达到国家标准，并不代表在事发时涉案小区的受电设备安全用电条件还不符合国家标准；《高压供用电合同》关于用电检查的约定并不是约定供电方的安全用电检查义务，而是赋予供电局检查用电方用电情况的权利。再审法院未采纳供电公司抗辩理由，驳回再审申请。

第三章 线路运维专题

专题九　杆线落地政策处理矛盾的化解策略

一、案例简介

案号：（2013）泰曲民初字第 0260 号、（2013）泰中民四终字第 0254 号、（2014）苏审三民申字第 0155 号

2010 年 5 月 20 日，某省发展和改革委员会核准同意建设 220 千伏输变电工程，该批复中的工程项目经市规划局泰规划图（2010）2029 号文审批，并由所在地供电公司负责实施建设。上述文件进行了公示。供电公司所建设的上述工程项目须经过季某所使用的土地，双方就供电公司进行施工对季某造成的损失补偿问题未能达成一致意见。供电公司诉至法院。一审法院判决市供电公司按规划红线图建设工程，季某不得阻止。季某不服上诉。

二审维持原判，再审驳回申请。

二、法律分析

（一）关键法条和依据

《宪法》

第十条　城市的土地属于国家所有。

农村和城市郊区的土地，除由法律规定属于国家所有的以外，属于集体所有；宅基地和自留地、自留山，也属于集体所有。

国家为了公共利益的需要，可以依照法律规定对土地实行征收或者征用并给予补偿。

《民法通则》

第一百一十七条　侵占国家的、集体的财产或者他人财产的，应当返还财产，不能返还财产的，应当折价赔偿。

损坏国家的、集体的财产或者他人财产的，应当恢复原状或者折价赔偿。

受害人因此遭受其他重大损失的，侵害人并应当赔偿损失。

《物权法》

第九条　不动产物权的设立、变更、转让和消灭，经依法登记，发

生效力；未经登记，不发生效力，但法律另有规定的除外。

依法属于国家所有的自然资源，所有权可以不登记。

第六十六条　私人的合法财产受法律保护，禁止任何单位和个人侵占、哄抢、破坏。

第四十二条　为了公共利益的需要，依照法律规定的权限和程序可以征收集体所有的土地和单位、个人的房屋及其他不动产。

征收集体所有的土地，应当依法足额支付土地补偿费、安置补助费、地上附着物和青苗的补偿费等费用，安排被征地农民的社会保障费用，保障被征地农民的生活，维护被征地农民的合法权益。

第八十八条　不动产权利人因建造、修缮建筑物以及铺设电线、电缆、水管、暖气和燃气管线等必须利用相邻土地、建筑物的，该土地、建筑物的权利人应当提供必要的便利。

《电力法》（自 1996 年 4 月 1 日起施行）

第五十五条　电力设施与公用工程、绿化工程和其他工程在新建、改建或者扩建中相互妨碍时，有关单位应当按照国家有关规定协商，达成协议后方可施工。

《村民委员会组织法》

第二十四条　涉及村民利益的下列事项，经村民会议讨论决定方可办理：

（一）本村享受误工补贴的人员及补贴标准；

（二）从村集体经济所得收益的使用；

（三）本村公益事业的兴办和筹资筹劳方案及建设承包方案；

（四）土地承包经营方案；

（五）村集体经济项目的立项、承包方案；

（六）宅基地的使用方案；

（七）征地补偿费的使用、分配方案；

（八）以借贷、租赁或者其他方式处分村集体财产；

（九）村民会议认为应当由村民会议讨论决定的涉及村民利益的其他事项。村民会议可以授权村民代表会议讨论决定前款规定的事项。法律对讨论决定村集体经济组织财产和成员权益的事项另有规定的，依照其规定。

《土地管理法实施条例》

第二十六条　土地补偿费归农村集体经济组织所有；地上附着物及青苗补偿费归地上附着物及青苗的所有者所有。

征收土地的安置补助费必须专款专用，不得挪作他用。需要安置的人员由农村集体经济组织安置的，安置补助费支付给农村集体经济组织，由农村集体经济组织管理和使用；由其他单位安置的，安置补助费支付给安置单位；不需要统一安置的，安置补助费发放给被安置人员个人或者征得被安置人员同意后用于支付被安置人员的保险费用。

市、县和乡（镇）人民政府应当加强对安置补助费使用情况的监督。

《电力设施保护条例》

第二十二条　公用工程、城市绿化和其他工程在新建、改建或扩建中妨碍电力设施时，或电力设施在新建、改建或扩建中妨碍公用工程、城市绿化和其他工程时，双方有关单位必须按照本条例和国家有关规定协商，就迁移、采取必要的防护措施和补偿等问题达成协议后方可施工。

《供电营业规则》（1996 年 10 月 8 日颁布施行）

第五十条　因建设引起建筑物、构筑物与供电设施相互妨碍，需要迁移供电设施或采取防护措施时，应按建设先后的原则，确定其担负的责任。如供电设施建设在先，建筑物、构筑物建设在后，由后续建设单位负担供电设施迁移、防护所需的费用；如建筑物、构筑物的建设在先，供电设施建设在后，由供电设施建设单位负担建筑物、构筑物的迁移所需的费用；不能确定建设的先后者，由双方协商解决。

供电企业需要迁移用户或其他供电企业的设施时，也按上述原则办理。

城乡建设与改造需迁移供电设施时，供电企业和用户都应积极配合，迁移所需的材料和费用，应在城乡建设与改造投资中解决。

《关于审理涉及农村土地承包纠纷案件适用法律问题的解释》（法释〔2005〕6 号）

第一条　下列涉及农村土地承包民事纠纷，人民法院应当依法受理：

（一）承包合同纠纷；

（二）承包经营权侵权纠纷；

（三）承包经营权流转纠纷；

（四）承包地征收补偿费用分配纠纷；

（五）承包经营权继承纠纷。

集体经济组织成员因未实际取得土地承包经营权提起民事诉讼的，人民法院应当告知其向有关行政主管部门申请解决。

集体经济组织成员就用于分配的土地补偿费数额提起民事诉讼的，人民法院不予受理。

（二）要点简析

1. 合法建设的项目，相邻关系人应提供便利

如前文案例，供电公司所建设的本案工程项目经省发展和改革委员会核准同意建设，经市规划局审批并公示，工程建设手续齐全、合法。根据《物权法》第八十八条，供电公司依据红线图铺设电线需利用相邻季某的土地，季某应当提供必要的便利。当然，季某主张供电公司因电网改造砍伐桃树而对其造成的损失，也是合理合法的，原告可以另行诉讼主张权利。

2. 10 千伏及以下电网的投资原则有变化

国家发展和改革委《农村电网建设与改造工程投资管理规定》（计基础〔1999〕2178 号）第十九条规定，10 千伏及以下工程原则上不支付土地占用费和青苗补偿费等有关补偿费用，35 千伏及以上工程占地和青苗补偿按国家重点工程建设有关规定办理。多年来，该条文一直广泛应用于 10 千伏及以下电网工程建设。但是，该规定于 2016 年 1 月 1 日经发展改革委第 31 号令废止，同时被废止的还有《用电检查管理办法》。此办法废止后，关于 10 千伏及以下电网建设与改造工程新的投资管理办法还没有出台。今后出台的办法是否会继续沿用"10 千伏及以下工程原则上不支付土地占用费和青苗补偿费等有关补偿费用"的规定，尚不得而知。特别是在电改背景下，国家将如何权衡供电企业与其他竞争主体之间关于增量配网利益关系的政策尚不明朗，目前供电企业配网建设政策处理仍沿用"10 千伏及以下工程不支付土地占用费和青苗补偿费"的做法，有待进一步规范。

3. 正确区分政策处理费用的支付对象

根据《土地管理法实施条例》第二十六条规定，土地补偿费属农村集体经济组织所有，地上附着物及青苗补偿费归地上附着物及青苗的所有者所有。需要安置的人员由农村集体经济组织安置的，安置补助费支付给农村集体经济组织，由农村集体经济组织管理和使用；由其他单位安置的，安置补助费支付给安置单位；不需要统一安置的，安置补助费发放给被安置人员个人或者征得被安置人员同意后用于支付被安置人员的保险费用。因此，在支付赔偿金额时需要根据对象进行区分，避免因支付对象错误造成不得已重复赔偿的被动局面。

4. 法院在一定程度上支持农村集体的自治权

根据《村民委员会组织法》第二十四条和《关于审理涉及农村土地承包纠纷案件适用法律问题的解释》第一条第三款，村民会议有权决定土地承包经营方案和征地补偿费的使用、分配方案，且集体经济组织成员就用于分配的土地补偿费数额提起民事诉讼的，人民法院不予受理。为此，供电企业应当处理好与村集体的关系，积极沟通，通过村干部积极协调赔偿中存在的矛盾，实现双方共赢。

三、管理建议

1. 手续合法，程序到位

从事电网建设前期工作时要强化依法办事意识，在站址选择、路径规划、土地征用、环境保护、资源保护等方面主动履行社会责任，加强与各级政府、监管机构和社会各界的沟通，增强风险意识和服务意识，确保审批手续合法，竣工验收到位，建设档案留存完整，依法合规开展工作。

2. 借助政府力量规避风险，提高效率

变电站及杆线建设常常因为政策处理导致落址难、拆迁难、施工难，进而影响工期进度。政策处理属地化后，基层供电企业甚至当地供电所，都需花大量时间和精力参与电网建设的政策处理。实务操作中，部分供电企业将工程占地及拆迁工作的政策处理承包给当地政府，从而节省大量的时间和精力，不失为多赢的做法。但是，随着群众法律意识的提高及政府部门财务管理制度等限制，依托政府为主体开展电网建设政策处理的难度也日益加大。

3. 积极促成地方政府出台补偿标准

线路跨越房屋，线路走廊如何征地，因各地经济水平有差异，补偿非常复杂，国家并没有统一取费标准。一般由供电企业根据各地的实际情况，参照各地政府的有关标准自行签订协议。各省、市政府也相继出台了关于电网建设的若干规定，对电网建设的政策处理工作作出了不同的规定。如《福建省电网建设若干规定》明确"架空电力线路的杆、塔基础用地不需办理土地使用权证，按征用土地的相关标准一次性补偿费用。架空电力走廊和地下电力设施用地不实行征地"。其他省份也有类似的规定。供电企业应积极与当地政府沟通，促使政府出台或及时调整补偿标准，以便科学、合理、公开、透明地推进政策处理工作。

4. 优化设计方案，避开征地困难区域

设计路径时，主动避让树竹茂盛地区、特殊保护地区、生态敏感脆弱区、社会关注区等环境敏感区，尽量避开房屋、耕地、人口密集等区域，对于积极配合输电线路建设的村镇可给予相应的电网投资倾斜政策，互利互惠，最大可能减少对城乡建设、经济发展以及居民生活的影响。

5. 强化宣传舆论工作，提前做好矛盾化解

随着法律意识的不断增强，公众对电磁环境具有普遍的恐惧心理，在电网建设中甚至会遭受周围公众阻挠。要改变公众的这种态度，需要提前进行政策、补偿标准、电磁污染等群众关注的焦点宣传，有效发挥广播、电视、报刊和网络等媒体的舆论引导作用，正确宣传电磁场的科普知识，营造良好的电网建设氛围。

6. 注意查证土地使用者是否具有合法权益

《中华人民共和国物权法》第九条第一款指出，不动产物权的设立、变更、转让和消灭，经依法登记，发生效力；未经登记，不发生效力。处理类似案件时，如遇到村民无理索赔等情况时，可查证当前征用的土地及不动产物权是否依法登记过，对未经登记的情况一般不予以赔偿，保障供电企业的权益。

四、参考案例

案例 1：受让前线路已竣工，不构成持续性侵权

案号：（2012）莆民终字第 1359 号、（2014）闽民申字第 302 号

案情简介：某 220 千伏输变电工程电网项目经省发展和改革委员会核准同意，经市规划局审批后建成投运。在讼争地块架设电力设施时，当时的土地使用权人某公司表示支持该重点项目建设，并未提出用地补

偿事宜，也未对该地区电业局架设电力设施行为提出异议。后该地块受让人某贸易公司诉至法院，要求电业局排除妨碍、赔偿损失。一审法院认为原告作为受让人，其在取得讼争地块的土地使用权之前，该电力设施已经竣工，其对该地块上有电力设施存在属于明知，因此其无权对前任公司的物权处分行为予以否定，其认为电业局的行为构成持续性侵权的理由，不予采信。二审维持原判，再审驳回申请。

案例2：村委会有权代签征地协议，履行完毕反悔无效

案号：（2016）辽 1224 民初 1330 号、（2016）辽 12 民终 1320 号

案情简介：2014 年 8 月 26 日，被告与第三人某村村民委员会签订某 220 千伏送出工程征地、动迁协议书，双方约定占地面积为 2.48 亩，征地补偿标准为每亩 20000 元，青苗补偿标准为每亩 3000 元，补偿款合计为 57040 元。施工前因原告未在家中居住，第三人通过其弟陈某征求原告意见，并经其同意，被告于 2014 年 10 月在原告与陈某家土地接壤处修建塔基，土地补偿款共计为 3106 元。被告按合同约定将全部补偿款打入第三人指定的账户，第三人通知原告领取补偿款，但原告至今未领取该款。一审法院认为，第三人该村村民委员会有权在征求原告同意后代表集体行使所有权；因本案协议签订及施工时间均发生在 2014 年，且补偿款已向第三人履行完毕，故对原告要求被告移除输电线路塔基、按照 2016 年标准给予补偿的诉讼请求不予支持。二审维持原判。

案例3：土地使用权未经登记是主体不适格，应裁定驳回起诉

案号：（2016）桂 0603 民初 311 号、（2016）桂 06 民终 549 号

案情简介：2011 年某供电公司 35 千伏变电站项目竣工投运，该项目手续合法。供电公司建设完工的 35 千伏 60 号高压铁塔架建在某林业站使用的土地范围内。林业站的上级单位区木材公司认为供电公司擅自占用其土地搭建 35 千伏 60 号高压铁塔架，于 2016 年 3 月 18 日对供电公司提起财产损害赔偿诉讼。一审法院查明，区木材公司起诉的 35 千伏大扶线 60 号高压铁塔所涉及的土地尚未在市国土资源局区分局办理相关用地审批及登记。区木材公司无充分证据证明其是法律上涉案土地的使用权人，无法证明其享有的财产权益受到侵犯，区木材公司要求供电公司赔偿财产损失的诉讼请求，无事实依据，依法不予支持，判决驳回诉讼请求。二审法院认为，区木材公司提供的证据不足以证明其是讼争

土地的合法权利人，未能证实其拥有讼争土地的土地使用权与讼争土地存在直接的利害关系，故不是本案适格的诉讼主体，不具备起诉资格，裁定撤销一审判决，驳回起诉。

专题十　线树矛盾清理廊道受阻的应对策略

一、案例简介

案号：（2014）新民初字第 2631 号、（2015）常民终字第 1150 号

1998 年 7 月 15 日，某农庄经批准立项。1998 年 8 月 11 日，因供电公司有两条 110 千伏高压线从该农庄地块上空经过，双方达成了会议纪要，对供电公司线路的转角桩设置、路径以及农庄餐厅、厨房高度等内容进行了规定。2010 年 5 月 14 日，农庄向供电公司收取了砍伐 150 棵树木的补偿款 3000 元。2012 年 4 月 17 日，农庄收取供电公司树木砍伐一次性补偿款 2 万元。2014 年 8 月 8 日上午，供电公司在市经信委电力行政执法人员陪同下，向农庄法定代表人包某告知了其农庄内的易杨树由于自然生长，已经影响到上方两条 110 千伏高压线的安全运行，通知农庄及时修剪保持安全距离，消除隐患。但包某坚持先补偿几万元后才同意修剪树木。供电公司诉至法院。

一审判决供电公司有权于本判决生效之日起十日内，对该农庄位于两条 110 千伏高压线路保护区域内的危及电力设施运行的树木，按照《电力设施保护条例实施细则》规定的最大垂直安全距离的要求进行修剪。农庄不得阻止。二审维持原判。

图 3-1：线路通道下速生植物严重危及线路运行（一）

图 3-1：线路通道下速生植物严重危及线路运行（二）

二、法律分析

（一）关键法条

《电力法》（自 1996 年 4 月 1 日起施行）

第五十三条 电力管理部门应当按照国务院有关电力设施保护的规定，对电力设施保护区设立标志。

任何单位和个人不得在依法划定的电力设施保护区内修建可能危及电力设施安全的建筑物、构筑物，不得种植可能危及电力设施安全的植物，不得堆放可能危及电力设施安全的物品。

在依法划定电力设施保护区前已经种植的植物妨碍电力设施安全的，应当修剪或者砍伐。

第六十九条 违反本法第五十三条规定，在依法划定的电力设施保护区内修建建筑物、构筑物或者种植植物、堆放物品，危及电力设施安全的，由当地人民政府责令强制拆除、砍伐或者清除。

《电力设施保护条例》

第十五条 任何单位或个人在架空电力线路保护区内，必须遵守下列规定：

（一）不得堆放谷物、草料、垃圾、矿渣、易燃物、易爆物及其他影响安全供电的物品；

（二）不得烧窑、烧荒；

（三）不得兴建建筑物、构筑物；

（四）不得种植可能危及电力设施安全的植物。

71

第二十四条　新建、改建或扩建电力设施，需要损害农作物、砍伐树木、竹子，或拆迁建筑物及其他设施的，电力建设企业应按照国家有关规定给予一次性补偿。

在依法划定的电力设施保护区内种植的或自然生长的可能危及电力设施安全的树木、竹子，电力企业应依法予以修剪或砍伐。

《电力设施保护条例实施细则》

第十三条　在架空电力线路保护区内，任何单位或个人不得种植可能危及电力设施和供电安全的树木、竹子等高杆植物。

第十六条　架空电力线路建设项目和公用工程、城市绿化及其他工程之间发生妨碍时，按下述原则处理：

（1）新建架空电力线路建设工程、项目需穿过林区时，应当按国家有关电力设计的规程砍伐出通道，通道内不得再种植树木；对需砍伐的树木由架空电力线路建设单位按国家的规定办理手续和付给树木所有者一次性补偿费用，并与其签定不再在通道内种植树木的协议。

（2）架空电力线路建设项目、计划已经当地城市建设规划主管部门批准的，园林部门对影响架空电力线路安全运行的树木，应当负责修剪，并保持今后树木自然生长最终高度和架空电力线路导线之间的距离符合安全距离的要求。

（3）根据城市绿化规划的要求，必须在已建架空电力线路保护区内种植树木时，园林部门需与电力管理部门协商，征得同意后，可种植低矮树种，并由园林部门负责修剪以保持树木自然生长最终高度和架空电力线路导线之间的距离符合安全距离的要求。

（4）架空电力线路导线在最大弧垂或最大风偏后与树木之间的安全距离为：

电压等级	最大风偏距离	最大垂直距离
35—110 千伏	3.5 米	4.0 米
154—220 千伏	4.0 米	4.5 米
330 千伏	5.0 米	5.5 米
500 千伏	7.0 米	7.0 米

对不符合上述要求的树木应当依法进行修剪或砍伐，所需费用由树

木所有者负担。

第十八条　在依法划定的电力设施保护区内，任何单位和个人不得种植危及电力设施安全的树木、竹子或高杆植物。

电力企业对已划定的电力设施保护区域内新种植或自然生长的可能危及电力设施安全的树木、竹子，应当予以砍伐，并不予支付林木补偿费、林地补偿费、植被恢复费等任何费用。

《10 千伏及以下架空配电线路设计技术规程》（ DL/T 5220—2005 ）

13.0.5　1 千伏～10 千伏配电线路通过林区应砍伐出通道，通道净宽度为导线边线向外侧水平延伸 5m，绝缘线为 3m，当采用绝缘导线时不应小于 1m。

在下列情况下，如不妨碍架线施工，可不砍伐通道：

1. 树木自然生长高度不超过 2m。

2. 导线与树木（考虑自然生长高度）之间的垂直距离，不小于 3m。

配电线路通过公园、绿化区和防护林带，导线与树木的净空距离在最大风偏情况下不应小于 3m。

配电线路通过果林、经济作物以及城市灌木林，不应砍伐通道，但导线至树梢的距离不应小于 1.5m。

（二）地方法律法规

《浙江省电网设施建设保护和供用电秩序维护条例》

第九条　电网设施建设项目取得建设工程规划许可后，县级以上人民政府经济和信息化主管部门应当根据建设工程规划许可，对依照本条例第十七条规定需要确定的电力线路保护区予以公告。

公告前电力线路保护区内已有的植物，确需予以修剪、采伐的，电网设施建设单位应当给予植物所有人或者管理人相应补偿，并就已修剪植物可能危及电网设施安全时的再次修剪义务，以及不再在保护区内种植可能危及电网设施安全的植物等事项，与该植物所有人或者管理人签订协议。

电网设施建设中需要采伐林木的，应当依法办理林木采伐许可手续。

第二十一条　电网设施所有人或者管理人发现电力线路保护区内的植物与电力线路导线的间距小于安全距离的，应当告知植物所有人或者管理人在五日内予以修剪；植物所有人或者管理人逾期未修剪的，电网设施所有人或者管理人可以进行修剪。

电网设施建设单位在电网设施建设过程中未对植物所有人或者管理人给予本条例第九条规定的补偿的，对于本条前款规定的植物修剪，电网设施所有人或者管理人应当给予植物所有人或者管理人相应补偿。

第二十二条 在遭遇台风、特大暴雨（雪）、地震、泥石流、冰冻等紧急情况时，对可能危及电网设施安全或者妨碍电网设施建设的植物，电网设施所有人或者管理人可以先行修剪、采伐；紧急情况消除后，电网设施所有人或者管理人应当及时告知植物所有人或者管理人，并给予相应补偿。

依照前款规定采伐林木的，电网设施所有人或者管理人还应当在紧急情况消除后五日内将采伐林木情况报告所在地林业主管部门。

（三）要点简析

1. 法律保护因公共利益需要而修剪或砍伐树木的行为

民事活动应当遵守法律和国家政策，不得以私利为目的，损害社会公共利益，扰乱社会经济秩序。前文案例中，法院认为，判断农庄主张的事由是否可以阻却供电公司要求消除危险的主张，在于衡量双方秉持的利益大小。供电公司要保护的利益是电力设施的运行安全，农庄要保护的利益是自己种植在架空电力线路走廊内的树木的私有财产权。电力设施的正常运行涉及国计民生，电力设施投资巨大，其运行的安全价值远远超过农庄主张的电力设施保护区内树木的价值。农庄不能将一己私利凌驾于公众利益之上，更不能因自身利益未得到满足而阻碍公共电力设施的运行，所以农庄无权以侵害了自己的有限财产权为由来阻止供电公司要求对其树木进行修剪的主张。

2. 法院支持双方签订的一次性补偿协议

从文后所列的两个参考案例可以看出，一旦供电企业与对方签订了补偿协议，则原告以各种理由要求增加补偿的诉求，一般不受支持。同时，法院也支持供电企业支付一次性补偿后，相对方具有对树木生长超过安全界线时的修剪义务。如前文案例，农庄经通知仍迟迟不修剪危害线路安全运行的树木，供电公司有权自行进行修剪，并不补偿农庄修剪植物的相关费用。同时，法院还认为，不管农庄的树木是种植在电力设施保护区设立之前还是之后，也不管供电公司是否应当对砍伐农庄树木作出补偿，均不影响供电公司要求农庄修剪树木消除危险的诉讼主张成立。

3. 供电企业应依法合规履行电力设施保护义务，确保电网安全运行

输电线路导线与线下超高树木直接接触导致树闪故障，已成为引发大面积停电最重要的原因之一。2003 年"8·14"美加大停电，事故最终调查报告认为输电线路的树闪故障最终导致系统崩溃。特别是迎峰度夏期间，用电负荷增大，导线散热减慢，线路温度增高，线路弧垂增加，如果不能有效管理输电线路走廊内的植被，诱发大面积停电的树闪故障发生概率将大大增大。一旦发生大面积停电，供电企业将承担相应的责任，相关责任人甚至可能承担刑事责任。供电企业在处理类似"树线矛盾"时更应注重法定程序，切实履行告知义务，及时有效送达，并履行好向属地政府、电力管理部门、安监部门的报告责任，促成对可能危及输电线路安全、导致大面积停电风险的超高树木及时修剪砍伐，保证电网和社会公共安全。

三、管理建议

1. 一次性补偿协议到位

虽然《电力设施保护条例》第二十四条规定了对农作物、树木、竹子、拆迁建筑物及其他设施给予的是"一次性补偿"，但实际操作中，往往被迫扩大补偿范围，增加补偿次数。究其原因，有为保证工期而委曲求全的情况，但也不排除补偿后供电企业内部各部门衔接不够，没有保留相关的协议或其他部门不知晓该协议，造成重复补偿的情况。供电企业一方面应坚持按国家规定补偿，没有补偿标准的本着平等协商、公平合理原则协议补偿，坚决杜绝个别受偿方漫天要价，同时，要坚持"一次补偿、一次付清"，保留协议等有效证据，作好内部衔接，杜绝重复补偿及相邻区域其他业主的攀比、反复。

2. 积极争取政府部门的理解和支持

供电企业作为提供公共服务的企业，其本身没有行政执法权，在处理用户的违章行为时，难免与用户发生纠纷。廊道清理单凭供电企业"单打独斗"很难取得成效。只有争取当地政府部门的大力支持，尽量争取出台廊道清理的"绿色通道"，积极营造支持、理解和配合供电企业做好

电力设施保护工作的良好环境，减少各种因保护电力设施而产生的诉讼纠纷，才能使该问题得到根本性解决。此外，电力企业还要积极与当地经信、安监、公安等部门沟通联系，对不按规定砍伐树木，阻挠执法的单位和个人，依据有关法律、法规严肃处理，并将处理结果通过电视、报刊向社会公布，利用社会舆论的压力，起到警示和震慑作用，防止违章、违法行为的进一步蔓延。部分县市供电公司促成当地政府出台廊道清理的"绿色通道"，以政府文件的形式，规定在架空电力线路的电力设施保护区内，供电公司可以依法修剪、清理可能危害电网安全的树木、竹子，涉及相关树木、竹子的损失不予赔偿。也可依据地方法律法规采取措施，如《浙江省电网设施建设保护和供用电秩序维护条例》规定了在遭遇台风、特大暴雨（雪）、地震、泥石流、冰冻等紧急情况时，对可能危及电网设施安全或者妨碍电网设施建设的植物，电网设施所有人或者管理人可以先行修剪、采伐。以上做法值得借鉴。

3. 加强电力线路走廊的日常巡视检查和维护

供电企业应当按照相关规程规定加强对电力线路走廊的日常巡视检查和维护。若发现在电力设施保护区内从事违法搭建建筑物、构筑物等危害电力设施的行为，应当根据《电力设施保护条例》等有关规定处理。行政手段方面，可由县级以上人民政府电力管理部门提请本级人民政府责令强制拆除、清除或者砍伐。

4. 供电企业应当重视电力设施保护宣传，做到防患于未然

供电企业应该像重视宣传行风建设和优质服务一样，重视宣传电力设施保护工作。要充分利用一切可以利用的宣传工具和宣传载体，让人民群众了解政策法规，种树不忘保护电力设施，从源头上防范"线树矛盾"。同时，应加强巡线的频度和广度，并重视发展群众护线员，及时发现各类暴露和隐藏的线树矛盾，提出采伐、移栽、修剪等建议。对影响、威胁供电设施安全的高大树木，会同相关职能部门有效处理，杜绝线路事故隐患。

5. 巧妙运用法律武器，维护自身合法权益

如果遇到政府部门不作为、不履行行政管理职责，或是个别顽固的违规种树者不听规劝，坚决拒绝清理树木之类的极端情况，供电企业应当主动提起诉讼，请求相关方停止侵害、排除妨害、消除危险。在前

文案例中，供电公司在督促业主修剪树木未果的情况下主动向法院起诉，取得了较好的效果。如果供电公司强行砍树，可能反而被对方先告上法庭。

四、参考案例

案例 1：补偿协议真实有效，再提要求不受支持

案号：（2015）鄂**民初字第 00276 号、（2015）鄂**中民终字第 680 号

案情简介：因被告所有的 220 千伏线路地处原告山林，且该处线路导线对地距离较低，长期存在安全隐患，给电网运行带来严重威胁。原、被告双方于 2012 年 10 月 18 日签订协议，约定被告对该处山林进行降坡处理，被告给予原告山林一次性补偿费 3500 元，在降坡范围内原告不得再种植树木及高秆植物以及再生树木。如有妨碍线路运行，被告有权自行砍伐，不再给予任何补偿。降坡处理后，原告认为供电公司支付的青苗费过少，且相邻土地得到的补偿款更多，多次上访未果，于 2015 年 2 月 4 日诉至法院，要求被告赔偿损失 15500 元。一审法院认为，原、被告因电力设施改建签订协议，双方成立合同关系。该协议是双方真实意思的表示，不违反法律法规的强制性规定，原告也没有提供证据证明被告在签订合同中有欺诈情形，故协议书合法有效，判决驳回原告任某的诉讼请求。二审驳回上诉，维持原判。

案例 2：赔偿标准由政府确定，漫天要价不受支持

案号：（2015）**初字第 387 号、（2015）**终字第 659 号

案情简介：2009 年 2 月，某县供电公司因维护高压线路的安全，将影响到电力运行安全的刘某家林地里的 29 株树木砍伐。在 2009 年 2 月之前，县供电公司还在前述地点栽电线杆 1 根、拉线 4 根。刘某家树木被砍之后，刘某找县供电公司协商赔偿事宜无果。2011 年 10 月 31 日刘某向原审法院提起诉讼。因当时林权证是其父亲的名字，就自愿申请撤诉。2012 年 2 月 20 日，县人民法院裁定准许其撤诉。之后刘某便开始办理林权证的变更事项，以便解决树木被砍后的赔偿。2015 年初刘某从林业局获知其林权证已办下来。2015 年 3 月 23 日，刘某再次向原审法院提起诉讼。原审法院依照市人民政府雅府发〔2008〕3 号文件《市

人民政府关于市征地地上附着物和青苗补偿标准的通知》中规定的标准来计算刘某的损失，判决县供电有限责任公司赔付刘某树木被砍的损失1355元，电杆、拉线占用其林地的费用320元。刘某不服上诉，请求判令县供电公司按照该村民委员会对擅自砍伐树木的处罚标准，赔偿树木损失29000元，电线杆、拉线占地费10000元。二审法院认为，村民委员会及村组不属于我国法律规定的对林木擅自砍伐进行处罚而确定赔付标准的主体，政府的相关职能部门也未授权村民委员会及村组可以自行确定赔付标准，故刘某的该上诉主张，没有相应的法律依据，依法不予支持。

专题十一　线房矛盾被诉杆线迁移的应对策略

一、案例简介

案例 1： 电力线路影响企业安评，在先建设不需改线

案号： （2012）宜张民初字第 0652 号、（2013）锡民终字第 1043 号、（2014）苏审三民申字第 221 号

某公司厂区树脂车间东侧有一 110 千伏架空电力线，杆高 17 米，与其树脂车间（甲类危险性生产车间）的间距为 14 米。该电力线路 1999年 1 月 28 日投产。该公司于 2000 年设立。2012 年，该公司向市安全生产监督管理局申请安全生产许可证时，按照法律规定，须先取得由安全评价中介机构出具的安全评价报告。省安信安全科技服务有限公司作为安全评价中介机构指出，树脂车间属甲类建筑，该架空电力线与树脂车间的间距为 14 米，不符合《建筑设计防火规范》第 11.2.1 条款中"甲类厂房与架空电力线的最近水平距离不小于电杆（塔）高度 1.5 倍"的要求，不符合《110 千伏—750 千伏架空电力线路设计规范》第 15.9 条款中"输电线路与甲类火灾危险性的生产厂房的防火间距不应小于塔杆高度加 3 米"的要求。因未取得安全评价报告，该公司未能向某市安全生产监督管理局申请换领到安全生产许可证。2012 年 9 月 27 日，该公司以供电公司违反国家法律规定架设高压线路，致使该公司无法取得安全许可证，导致其停产为由，诉至市人民法院，请求供电公司

将穿越其厂房的高压架空电线移走。一审判决：驳回该公司的诉讼请求。该公司不服，提起上诉。2013 年 11 月 7 日，市中级人民法院作出判决：驳回上诉，维持原判。该公司仍不服，申请再审，被驳回再审申请。

案例 2：建设项目与矿区范围重叠，可正常开采不需改线

案号：（2011）皖民四初字第 00001 号、（2015）民一终字第 203 号

案情简介：2007 年 10 月，某矿业公司通过竞买方式取得某铜矿的探矿权。同年 12 月，该省电力公司在该矿业公司矿区内进行"皖电东送"西通道 500 千伏输变电线路施工建设。因西通道输变电线路影响铜矿矿产资源预申请的审批，该省发展和改革委员会于 2010 年 7 月 5 日召开协调会并下发会议纪要，要求省电力公司对西通道输变电线路进行改线。会后，省电力设计院依据会议纪要对西通道输变电线路的施工图进行了修改，并于同年 10 月报送县人民政府。2010 年 10 月 12 日，县国土资源局在改线线路图中签署意见：所改线路不压覆矿产资源，并加盖公章；县住房和城乡建设局亦在改线线路图中签署同意改迁意见，并加盖公章。嗣后，西通道输变电线路按修改后的施工图完成施工。期间，鉴于该省电力公司已同意修改线路，省国土资源厅于 2010 年 8 月 30 日再次作出《关于某省某县某铜矿矿产资源预申请的复函》，同意矿业公司申请铜矿资源。矿业公司认为改线后的西通道输变电线路仍压覆铜矿矿产，致其不能开采，于 2011 年 1 月 5 日诉至省高级人民法院，请求西通道输变电线路另行改线，保证电力设施远离矿区 500 米。

一审法院认为，西通道输变电线路虽然存在压覆铜矿矿产资源的事实，但电力公司已对西通道输变电线路进行改线，且其作为电力设施产权单位已书面同意铜矿在距电力设施周围 500 米范围内进行爆破作业，判决驳回原告的诉讼请求。

二审法院认为，根据《关于规范建设项目压覆矿产资源审批工作的通知》第二条规定，西通道输变电线路不构成对铜矿矿产资源的压覆。电力公司系以妨碍开采爆破作业的形式侵害了矿业公司的矿业权。一审判决认定电力公司建设西通道输变电线路压覆矿业公司矿产资源虽有不当，但裁判结果正确。遂驳回上诉，维持原判。

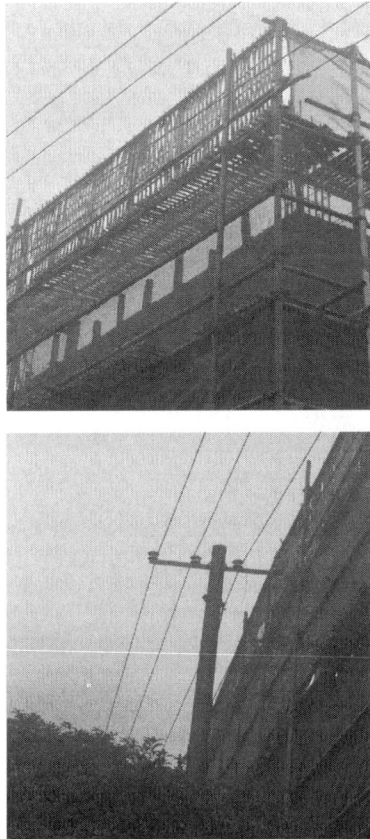

图 3-2：电力杆线与房屋矛盾

二、法律分析

（一）关键法条

《物权法》

第七条　物权的取得和行使，应当遵守法律，尊重社会公德，不得损害公共利益和他人合法权益。

《供电营业规则》（1996 年 10 月 8 日颁布施行）

第五十条　因建设引起建筑物、构筑物与供电设施相互妨碍，需要迁移供电设施或采取防护措施时，应按建设先后的原则，确定其担负的责任。如供电设施建设在先，建筑物、构筑物建设在后，由后续建设单位负担供电设施迁移、防护所需的费用；如建筑物、构筑物的建设在先，供电设施建设在后，由供电设施建设单位负担建筑物、构筑物的迁移所需的费用；不能确定建设的先后者，由双方协商解决。

供电企业需要迁移用户或其他供电企业的设施时，也按上述原则办理。

城乡建设与改造需迁移供电设施时，供电企业和用户都应积极配合，迁移所需的材料和费用，应在城乡建设与改造投资中解决。

《电力设施保护条例实施细则》

第十条　任何单位和个人不得在距电力设施范围 500 米内（指水平距离）进行爆破作业。因工作需要必须进行爆破时，应当按国家颁发的有关爆破作业的法律法规，采取可靠的安全防范措施，确保电力设施安全，并征得当地电力设施产权单位或管理部门的书面同意，报经政府有关管理部门批准。

在规定范围外进行的爆破作业必须确保电力设施的安全。

《建筑设计防火规范》

第 11.2.1 条　甲类厂房、甲类仓库，可燃材料堆垛，甲、乙类液体储罐，液化石油气储罐，可燃、助燃气体储罐与架空电力线的最近水平距离不应小于电杆（塔）高度的 1.5 倍，丙类液体储罐与架空电力线的最近水平距离不应小于电杆（塔）高度的 1.2 倍。

《110 千伏–750 千伏架空输电线路设计规范》（GB 50545—2010）

第 15.9 条　输电线路与甲类火灾危险性的生产厂房、甲类物品库房、易燃、易爆材料堆场以及可燃或易燃、易爆液（气）体贮罐的防火间距不应小于杆塔高度加 3m，还应满足其他的相关规定。

《关于规范建设项目压覆矿产资源审批工作的通知》（国土资发〔2000〕386 号）

第二条　压覆矿产资源是指因建设项目实施后导致矿产资源不能开发利用。但是建设项目与矿区范围重叠而不影响矿产资源正常开采的，不作压覆处理。

（二）要点简析

1. 后建设企业应根据在先设施相应调整建筑或项目

如前文案例 1，供电线路于 1998 年架设，1999 年 1 月投入运行，该公司设立于 2000 年，晚于供电线路架设时间。该公司在公司设立时应当预见先前已经存在的供电线路，可能会影响其取得相关化工产品的安全生产许可，进而对自己生产的化工产品范围或生产车间位置，作出相应的调整。该公司应当预见而没有预见，应自行承担可能产生的不利后果。相对于该公司而言，供电公司不存在过错。原判决据此驳回该公司关于供电公司迁移高压线路的诉讼请求，并无不当。

2. 是否妨碍采矿权以是否影响矿产资源正常开采为依据

案例 2 的一审与二审判决结果相同，都认为输电线路不需改线，但判决理由不一致，主要是对输电线路是否压覆矿产资源、影响开采的认定不同。

一审法院认为，工程建设期间，县国土资源局三次致函市供电公司，明确指出西通道输变电线路压覆铜矿矿产，省国土资源厅作出的《关于不同意铜矿矿产资源预申请的复函》及省经信委作出的《关于不同意核准矿业公司铜矿年产 6 万吨采矿工程项目的批复》均表明西通道输变电线路压覆部分铜矿矿产资源。因此，可以认定西通道输变电线路存在压覆铜矿矿产资源的事实。鉴于省电力公司已对西通道输变电线路进行改线，且其作为电力设施产权单位已书面同意铜矿在距电力设施周围 500 米范围内进行爆破作业，该行为符合《电力设施保护条例实施细则》第十条的规定，现方案已经某省经信委等政府有关管理单位核准，故不支持矿业公司要求改线的主张。

二审法院则认为，根据国土资源部《关于规范建设项目压覆矿产资源审批工作的通知》第二条，压覆矿产资源是指因建设项目实施后导致矿产资源不能开发利用，建设项目与矿区范围重叠而不影响矿产资源正常开采的，不作压覆处理。因此二审法院认为涉案输电线路并未压覆矿产资源，依法驳回了原告主张的请求。

3. 把握建设先后与相对方合法权益两个关键点

一是把握建设先后时序。根据《物权法》第七条，物权的取得和行使，应当尊重社会公德，不得损害公共利益和他人的合法权益。当输配电线路与房屋、构筑物等产生矛盾时，后方应以不损害先方的合法权益为前提行使物权。《供电营业规则》第五十条规定，因建设引起建筑物、构筑物与供电设施相互妨碍，需要迁移供电设施或采取防护措施时，应按建设先后的原则，确定其担负的责任。二是注意核实相对方是否有合法权益。如文后参考案例，二审法院认为，原告方第二层屋顶上的双坡式钢架石棉瓦屋面搭盖不属全封闭的建筑物，四面无墙，不具备居住使用功能，应属构筑物范畴，不受建筑物安全距离的保护。

三、管理建议

1. 审批手续到位，依法进行电网建设

电力设施建设应服从地市规划管理，并按照法定的程序办理审批手续。变电站的站址、输电线路路径方案、环评、征地等前期工作，建设过程中跨越河道、公路，开挖道路、林木砍伐等，都涉及大量的审批手续，务必按要求实施到位。特别是配网工程，点多面广线长，影响众多，相比主网工程，相关手续相对缺乏，应逐步重视配网工程前期工作，完善配网规划、审批、建设、环保等手续，确保项目依法建设。

2. 建立政府领导下的电网建设前期协调常态工作机制

供电企业要加强与地方政府的沟通，充分利用参加招商会、领导视察、定期汇报等各种机会向地方政府介绍供电形势和电网状况，宣传电网建设项目的必要性和紧迫性，争取理解和支持。电网建设项目宜坚持政府主导的原则，努力促使地方政府成立有关电网规划建设方面的协调领导机构，包括各级政府相关职能部门负责人，定期召开工作例会，协调解决好电网建设过程中遇到的土地规划、线路廊道、工程协调等问题，积极争取电网建设发展规划与当地城镇总体规划、土地利用规划的衔接，争取地方政府出台具体支持电网建设的政策或指导意见，明确政府各职能管理部门职责，创造良好的前期工作环境。

部分供电企业通过政府发文，明确电网规划建设项目用地范围内，不得批准其他项目建设，不得占用已列入规划和投入使用的变电设施用地、架空电力线路走廊和电缆通道；禁止在已规划的变电站和架空电力线路走廊用地上"抢建""抢种"。该做法值得借鉴。

3. 加强工程档案管理，做好证据保存工作

供电设施与建筑物、构筑物的建设先后顺序，以及供电设施的手续是否合法、程序是否到位，都需要大量的证据作支撑。供电企业在具体

工程管理过程中，需牢固树立证据意识，做好证据保全。一是要严格执行电力工程档案管理的相关制度，电力工程档案应完整、规范并按要求归档，以便充分证实供电企业合法地建造架空电力线路，工程质量合格。二是电力工程竣工后，可通过照相、摄像等手段对电力设施及电力设施保护区内的建筑物、构筑物、植物等情况进行证据固定，必要时也可采用公证方式固定证据，以便能证实架空电力线路工程竣工时，电力线路与线路走廊内的建筑物、构筑物、植物等的安全距离符合要求，从而有效应对电力线路走廊占地侵权纠纷的处理。

四、参考案例

案例： 违章搭建构筑物，不受建筑物的安全距离保护

案号： （2013）靖民初字第 1852 号、（2014）漳民终字第 100 号

案情简介： 某县 10 千伏架空线路由该县供电公司于 1989 年架设。2012 年 12 月，供电公司对架空线路进行绝缘改造，改造后的架空线路直接跨过黄某的屋顶。黄某的房屋原核准建筑层数为一层，现有房屋建为二层，并在第二层屋顶上另外搭建了双坡式钢架石棉瓦屋面搭盖。供电公司 2012 年 12 月进行线路改造升级时，黄某房屋顶棚已搭建完成。2013 年 7 月，黄某以供电公司妨害其物权为由诉至法院，请求判令供电公司将址在该县黄某所有的房屋顶部两组高压线迁移，排除妨碍、消除危险、恢复原状，并停止侵害。

原审判决认为，黄某的房屋经批准建筑层数为一层，实际建筑层数为二层，并在第二层屋顶上另外搭建了顶棚。其第二层屋顶加建的顶棚系违法搭建物，黄某取得该物权，没有合法的依据。供电公司架设的 10 千伏高压线路，距黄某房屋第二层屋顶水泥板最小垂直距离为 4.40 米，符合国家标准。一审判决驳回原告的诉讼请求。

二审法院认为，虽然黄某超过原核准建筑的层数违法搭建第二层，但基于供电公司改造线路前黄某已占有该房屋的事实，其提出的占有保护请求权仍应受法律保护，依法不问其是否享有房屋的正当权原。一审以黄某未取得物权，其违法搭建的房屋权益不具合法性而不受法律保护为由不予支持错误。黄某在第二层屋顶上的双坡式钢架石棉瓦屋面搭盖不属全封闭的建筑物，四面无墙，不具备居住使用功能，应属构筑物范

畴，不是《10千伏及以下架空配电线路设计技术规程》中的建筑物，黄某以导线距搭盖最高点为1.75米，不符合安全距离为由诉请消除危险与法不符，故驳回上诉，维持原判。

专题十二　电磁辐射被诉排除妨碍的应对策略

一、案例简介

案号：（2014）宁行初字第249号、（2015）苏环行终字第00002号

某市供电公司因计划在该市建设包括本案所涉及的某变电站在内的10项输变电工程，委托有环境影响评价资质的某电力技术有限公司编制了《环境影响报告表》。2009年10月26日，市环境保护局对《环境影响报告表》预审后报省环保厅审批。省环保厅经审查，于2009年11月23日作出《环评批复》，同意供电公司建设该批输变电工程。2012年9月17日，市规划局就建设本案所涉变电站召开规划选址听证会，蔡某、张某、陈某等三人参加了该听证会，并获知某省环保厅作出了《环评批复》。2014年8月至9月期间，蔡某、张某、陈某以省环保厅为被告，请求撤销该厅作出的《环评批复》。

一审法院认为，省环保厅作为省级环境保护行政主管部门，对涉案的变电站建设项目环境影响报告表具有审批的法定职权。省环保厅在审查供电公司提交的《环境影响报告表》、市供电公司的上级主管部门某省电力公司的预审意见、市环境保护局的审查意见以及某市规划局选址意见的基础上作出《环评批复》，符合《环境影响评价法》第二十二条的规定。本案争议所涉变电站为110千伏输变电工程，根据《环境影响评价法》第十六条、环境保护部《建设项目环境影响评价分类管理名录》的规定，该项目属于可能造成轻度环境影响的建设项目。现行法律、法规、规章未规定作出此类许可前需进行听证，某省环保厅在作出《环评批复》前未进行听证，并不违反《行政许可法》的强制性规定。某省环保厅作出的《环评批复》事实清楚、适用法律正确、行政程序合法。判决驳回蔡某、张某、陈某的诉讼请求。二审驳回上诉，维持原判。

二、法律分析

（一）关键法条和依据

《侵权责任法》

第六十六条　因污染环境发生纠纷，污染者应就法律规定的不承担责任或减轻责任的情形及其行为与损害之间不存在因果关系承担举证责任。

《环境影响评价法》

第十六条　国家根据建设项目对环境的影响程度，对建设项目的环境影响评价实行分类管理。

建设单位应当按照下列规定组织编制环境影响报告书、环境影响报告表或者填报环境影响登记表（以下统称环境影响评价文件）：

（一）可能造成重大环境影响的，应当编制环境影响报告书，对产生的环境影响进行全面评价；

（二）可能造成轻度环境影响的，应当编制环境影响报告表，对产生的环境影响进行分析或者专项评价；

（三）对环境影响很小、不需要进行环境影响评价的，应当填报环境影响登记表。

建设项目的环境影响评价分类管理名录，由国务院环境保护行政主管部门制定并公布。

第二十一条　除国家规定需要保密的情形外，对环境可能造成重大影响、应当编制环境影响报告书的建设项目，建设单位应当在报批建设项目环境影响报告书前，举行论证会、听证会，或者采取其他形式，征求有关单位、专家和公众的意见。

建设单位报批的环境影响报告书应当附具对有关单位、专家和公众的意见采纳或者不采纳的说明。

第二十二条　建设项目的环境影响报告书、报告表，由建设单位按照国务院的规定报有审批权的环境保护行政主管部门审批。

海洋工程建设项目的海洋环境影响报告书的审批，依照《中华人民共和国海洋环境保护法》的规定办理。

审批部门应当自收到环境影响报告书之日起六十日内，收到环境影响报告表之日起三十日内，分别作出审批决定并书面通知建设单位。

国家对环境影响登记表实行备案管理。

审核、审批建设项目环境影响报告书、报告表以及备案环境影响登记表，不得收取任何费用。

《电磁辐射环境保护管理办法》1997 年 3 月 25 日发布

第十一条 从事电磁辐射活动的单位和个人建设或者使用《电磁辐射建设项目和设备名录》中所列的电磁辐射建设项目或者设备，必须在建设项目申请立项前或者在购置设备前，按本办法的规定，向有环境影响报告书（表）审批权的环境保护行政主管部门办理环境保护申报登记手续。

有审批权的环境保护行政主管部门受理环境保护申报登记后，应当将受理的书面意见在 30 日内通知从事电磁辐射活动的单位或个人，并将受理意见抄送有关主管部门和项目所在地环境保护行政主管部门。

《电力设施保护条例实施细则》2011 年 6 月 30 日修订

第十五条 架空电力线路一般不得跨越房屋。对架空电力线路通道内的原有房屋，架空电力线路建设单位应当与房屋产权所有者协商搬迁，迁拆费不得超出国家规定标准；特殊情况需要跨越房屋时，设计建设单位应当采取增加杆塔高度、缩短档距等安全措施，以保证被跨越房屋的安全。被跨越房屋不得再行增加高度。超越房屋的物体高度或房屋周边延伸出的物体长度必须符合安全距离的要求。

《建设项目环境影响评价分类管理名录》自 2015 年 6 月 1 日起施行

第 35 项 500 千伏及以上的送（输）变电工程，或者涉及环境敏感区的 330 千伏及以上的送（输）变电工程，为编制环境影响报告书的建设项目。其他（不含 100 千伏以下）送（输）变电工程为编制环境影响报告表的建设项目。

《电磁辐射建设项目和设备名录》

工频强辐射系统

1. 电压在 100 千伏以上送、变电系统

2. 电流在 100 安培以上的工频设备

3. 轻轨和干线电气化铁道

《110 千伏~750 千伏架空输电线路设计规范》

13.0.4 条 输电线路不应跨越屋顶为可燃材料的建筑物。对耐火屋

顶的建筑物，如需跨越时应与有关方面协商同意，500 千伏及以上输电线路不应跨越长期住人的建筑物。

1．在最大计算弧垂情况下，导线与建筑物之间的最小垂直距离，应符合表 13.0.4-1 规定的数值。

表 13.0.4-1　　　　　导线与建筑物之间的最小垂直距离

标称电压（千伏）	110	220	330	500	750
垂直距离（m）	5.0	6.0	7.0	9.0	11.5

2．在最大计算偏风情况下，边导线与建筑物之间的最小净空距离，应符合表 13.0.4-2 规定的数值。

表 13.0.4-2　　　　边导线与建筑物之间的最小净空距离

标称电压（千伏）	110	220	330	500	750
距离（m）	4.0	5.0	6.0	8.5	11.0

3．在无风情况下，边导线与建筑物之间的水平距离，应符合表 13.0.4-3 规定的数值。

表 13.0.4-3　　　　边导线与建筑物之间的水平距离

标称电压（千伏）	110	220	330	500	750
距离（m）	2.0	2.5	3.0	5.0	6.0

4．在最大计算风偏情况下，边导线与建筑物之间的最小净空距离，应符合表 13.0.4-2 规定的数值。

水平距离小于本规范表 13.0.4-3 所列数值时，应考虑最大风偏情况下边导线与建筑间的最小净空距离不小于本规范表 13.0.4-2。

《最高人民法院关于民事诉讼证据的若干规定》2002 年 4 月 1 日起施行

第四条　下列侵权诉讼，按照以下规定承担举证责任：

（一）因新产品制造方法发明专利引起的专利侵权诉讼，由制造同样产品的单位或者个人对其产品制造方法不同于专利方法承担举证责任；

（二）高度危险作业致人损害的侵权诉讼，由加害人就受害人故意造成损害的事实承担举证责任；

（三）因环境污染引起的损害赔偿诉讼，由加害人就法律规定的免责事由及其行为与损害结果之间不存在因果关系承担举证责任；

（四）建筑物或者其他设施以及建筑物上的搁置物、悬挂物发生倒塌、脱落、坠落致人损害的侵权诉讼，由所有人或者管理人对其无过错承担举证责任；

（五）饲养动物致人损害的侵权诉讼，由动物饲养人或者管理人就受害人有过错或者第三人有过错承担举证责任；

（六）因缺陷产品致人损害的侵权诉讼，由产品的生产者就法律规定的免责事由承担举证责任；

（七）因共同危险行为致人损害的侵权诉讼，由实施危险行为的人就其行为与损害结果之间不存在因果关系承担举证责任；

（八）因医疗行为引起的侵权诉讼，由医疗机构就医疗行为与损害结果之间不存在因果关系及不存在医疗过错承担举证责任。

有关法律对侵权诉讼的举证责任有特殊规定的，从其规定。

（二）参考资料

《环境健康准则：极低频场》由世界卫生组织编写，中国质检出版社和中国标准出版社于 2015 年 3 月出版。该书就极低频场对环境健康影响的分析认为，所有变电站内部设备在变电站范围之外产生的磁场可以忽略不计；虽然进出变电站的架空线路和地下电缆所产生的磁场可能影响到公众所能接近的区域，但磁场会随着与变电站之间距离的增加而快速下降，距离平均每增加 1.4 米磁场递减一半。该准则还指出：变电站建设项目会对环境造成一定的影响，需要制定曝露限值；现有的国际导则已经解决了极低频场曝露的急性生物影响问题，遵循这些导则，可提供足够的保护；采取一些适当的预防措施减少曝露是合理和正当的。

（三）要点简析

1. 公众听证会非 500 千伏以下变电工程项目环评审批的必备条件

《环境影响评价法》第十六条根据建设项目对环境影响的程度，将建设项目分为可能造成重大环境影响、可能造成轻度环境影响、对环境影响较小三类，并要求建设单位按照该规定，按照环境影响的大小，分别编制环境影响报告书、环境影响报告表或者环境影响登记表。《环境影响评价法》第二十一条规定，编制环境影响报告书的建设项目，建设单位应当在报批建设项目环境影响报告书前，征求有关单位、专家和公众的意见。对编制环境影响登记表的项目，并无组织公众听证会的强制性规定。

本案所涉变电站属于 110 千伏变电站，所产生的是极低频场，根据《建设项目环境影响评价分类管理名录》，系可能造成轻度环境影响的应当编制环境影响报告表的建设项目。编制环境影响报告表依法不需要组织听证。省环保厅的审批行为程序合法。

2. 环境污染与损害结果之间的因果关系由加害方举证

根据《最高人民法院关于民事诉讼证据的若干规定》第四条第一款第（三）点，因环境污染引起的损害赔偿诉讼，由加害人就法律规定的免责事由及其行为与损害结果之间不存在因果关系承担举证责任。也就是说，在电磁污染的诉讼中，供电企业要证明所架设的线路符合规范的要求，与原告的损害结果之间不存在因果关系。如文后所列参考案例 1，陈某称因被告架线行为导致其生产、生活受到妨害，但是其向原审法院提交的证据不能证实其已受到妨害或其所受损害与架空高压电线塔杆和高压线路有因果关系，而供电公司承担的架设线路工程严格按照《110千伏-750 千伏架空输电线路设计规范》进行施工建设，经过第三方测量机构证实完全符合规范要求，合理合法，根据《最高人民法院关于民事诉讼证据的若干规定》第四条，作为被告的供电公司举证充分，驳回原告诉讼请求。

3. 架空线路在特殊情况下可以跨越房屋

架空电力线路是否可以跨越房屋，法律上并无禁止性规定。《电力设施保护条例实施细则》第十五条明确"架空电力线路一般不得跨越房屋"，同时也指出，"特殊情况需要跨越房屋时，设计建设单位应当采取增加杆塔高度、缩短档距等安全措施，以保证被跨越房屋的安全"。从该细则可知，在保证安全的情况下，允许架空电力线路跨越房屋。各省针对此问题，也有类似的操作细则。如《江苏省电网建设征地拆迁补偿实施意见》明确规定，110 千伏架空导线与建筑物在最大计算弧垂下，最小垂直安全距离满足 5 米的情况下，被跨建筑物不予拆除和补偿。《浙江省电网设施建设保护和供用电秩序维护条例》规定，新建 500 千伏以上架空电力线路不得跨越居民住宅和危及线路安全的建筑物、构筑物；确需跨越的，设区的市、县（市、区）人民政府应当依法予以征收并给予补偿，对 500 千伏以下则不作此要求。

三、管理建议

1. 不需听证的项目也应加强信息沟通

本案中，虽然被诉环评行政许可行为合法、适当，但信息沟通问题依然要引起相关行政主管部门、项目业主的关注。公众参与既是环境保护法所确立的环境保护基本原则，也是环境保护的基石。变电站是现代城市必不可少的基础设施之一。虽然世界卫生组织在《环境健康准则：极低频场》中认为，变电站等建设项目对环境所造成的影响有限并且可控。对环境影响较小的建设项目，提出过高的防护要求，不仅不科学，也不经济。但是因为对信息掌握不充分，公众很难准确了解电磁辐射对健康的影响。对未知事物的猜疑容易引发对自身环境安全的顾虑，从而对建设项目产生抵触，引发矛盾纠纷。本案被诉行政行为程序并不违法，但仍建议有关行政主管部门在相关行政许可过程中，通过公开、有效的沟通，加强环境信息的公开，让公众充分了解建设项目的环境影响，使所有利益相关者能够实现知情权。市供电公司可以将变电站工频电磁场在线监测系统的显示屏置于更加醒目的位置，方便公众及时了解变电站边界电磁场的实时数据，更加充分地保障公众对环境信息的知情权，从而更为有效地预防矛盾纠纷。

2. 应重视媒体的舆论导向作用，广泛开展环境保护宣传工作

当前，公众的环保意识和法律意识日益增强，敢于采取法律手段维权。某些细微的言行、政府部门或供电企业在程序方面、言行方面的细微差错都有可能在媒体的介入下被无限放大，处理不慎将造成不可预见的负面影响。需要政府相关部门和项目业主做好宣传工作，通过积极的途径向社会和公众提供均衡、公开的环境信息，特别要加强对工频电场和工频磁场的普及宣传，树立政府、行政、司法部门以及社会公众对工频电磁场的正确认识，向公众解答疑问，促进沟通，消除隔阂，为电力建设营造和谐的外部环境。供电企业特别应争取环境保护部门的支持，在发生纠纷时，通过环境部门出面解释，可提升解释的权威性。

3.供电企业应严格执行环境保护法律法规和行业标准要求,确保工程前期手续合法合规,避免程序瑕疵

建设项目合法性方面的瑕疵,会给侵权之诉造成可乘之机。特别是环境影响评价,过程较为复杂,国家对环境保护的要求越来越严格,对环境影响评价实行分类管理。不同类型的项目,向环保部门报批环评文件的时段要求、对公众参与的形式规定也不同。建设单位应当严格按照规定进行环境影响评价,避免程序漏洞。

4.积极参与相关电磁环境法律法规的修订

电磁环境法律法规不健全,导致处理该类问题的法律依据不足。我国目前相应的工频电磁场国家标准尚未出台,环保、电力、卫生等行业标准存在差异,造成公众对供电企业的环境影响认识不明确。供电企业要高度重视技术标准与规范工作,积极参与国家相关标准的制定,探索行业标准的调整,抢占制度和规范先机,为该类侵权纠纷案件提供坚实的参考依据。

四、参考案例

案例1:线房距离符合规范,500千伏线路不需迁移

案号:(2014)扬民终字第01110号、(2015)苏审二民申字第00694号

案情简介:2012年5月,某市供电公司经批准实施了500千伏输电线路架设工程,该电力线路部分架空线路从陈某所有的房屋东侧上空通过。陈某以供电公司500千伏架空电力线路与其房屋的距离不符合国家相关规范,电力设施所产生的辐射给其生活和工作造成了严重妨碍,致使其种植植物、饲养动物、日常劳动及房屋翻建、维修均受到了限制,出门行走也处在危险之中,房屋已不适合居住为理由,提起排除妨碍之诉。一审中,经司法鉴定,某工程设计研究有限公司对陈某的房屋与仪*供电公司500千伏电力线路杆线安全距离绘制了测量图。线路与房屋之间的距离,符合电力规范要求。一审驳回原告的诉讼请求,二审维持原判,再审驳回申请。

案例2:符合规范的输电线路施工行为,法院判决被告排除妨碍

案号:(2016)苏1012民初字第2350号、(2016)苏10民终3264号

案情简介:某220千伏输变电工程110千伏出线工程的线路路径跨

越两被告房屋。设计导线距离被告王某户屋顶的净空距离为 24.8 米,导线距离被告梁某户屋顶的净空距离为 13.4 米。2016 年 1 月 9 日原告在该村境内进行电缆施放施工时,两被告至施工现场以在屋顶架设高压线影响其生活为由阻止施工。嗣后,涉案 110 千伏出线工程一直未继续施工,处于停工状况。

原审法院认为,涉案工程项目履行了合法审批手续,且通过环境影响评价,具备开工建设的条件。因此,原告对妨碍其正常施工的侵权行为享有排除妨碍的权利。判决:被告梁某、王某停止对原告国网某市供电公司按照 220 千伏变电站配套 110 千伏出线工程项目设计图纸进行正常施工的侵害,不得妨碍上述工程项目的正常施工。二审维持原判。

案例 3:与房屋水平距离不够,不小于最小净空距离也属合法

案号:(2016)川 0824 民初 1908 号、(2017)川 08 民终 491 号

案情简介:因兰渝铁路牵引站供电工程建设需要,被告某市供电公司在某县架设 110 千伏输电线路。该线路 N34-N35 档位于该县某村一组。原告何某的房屋位于该档线右侧。该档线路建设前,涉及线路欲跨越原告的房屋问题,政府相关部门及被告与原告双方就原告房屋拆迁事宜进行了商谈,未达成一致意见。2015 年 9 月 21 日,被告供电公司委托某市电力设计院对 110 千伏线路工程 N34-N35 档导线与原告何某的房屋距离进行了测量。原告对某电力设计院测量的垂直距离、水平距离、净空距离的数值没有异议,但认为该线路距离其房屋的水平距离仅 0.4 米,小于国家规范的 2.0 米,不符国家规范距离,对原告的房屋和生活存在高压危险妨碍,应当予以拆除。故原告起诉至本院,引发诉讼。

一审法院认为,该供电工程经政府相关管理部门批准建设,系合法建设。其水平距离虽与国家标准距离不符,但参考 GB 50545—2010)《110 千伏~750 千伏架空输电线路设计规范》条文说明 "水平距离小于本规范表 13.0.4-3 所列数值时,应考虑最大风偏情况下边导线与建筑间的最小净空距离不小于本规范表 13.0.4-2"。涉案线路净空距离主房为 32.34 米,距离偏房为 42 米。同时该线路建设经有资质的专业机构进行环境影响评价,其 110 千伏线路电场对沿线居民身体健康不造成影响。可见,

被告架空在原告房屋上方的高压线路符合相应技术标准，超出最小安全距离，已采取了适当的安全措施，其电磁辐射符合相应技术规范。原告主张水平距离不符国家规范，对其房屋和人身安全具有高度危险，造成损害的主张缺乏事实依据，对其诉讼请求不予支持。二审驳回上诉，维持原判。

第四章　电杆运维专题

专题十三　废弃电杆折断致人损害的赔偿责任

一、案例简介

案号：（2015）金兰民初字第 1443 号

2014 年 9 月 11 日，原告在稻田收割水稻时，田埂边的电线杆突然倒塌，砸中了原告及收割机，导致受伤。原告诉请法院要求当地供电公司赔偿医药费、误工费等共计 4 万余元。被告及时保留了证据，申请司法鉴定。司法鉴定意见：送检的涉案电线杆断折是由于原告驾驶收割机在倒退过程中碰撞电线杆固定钢筋拉线所致。司法鉴定后，原告撤诉。

二、法律分析

（一）关键法条

《民法通则》

第一百二十六条　建筑物或者其他设施以及建筑物上的搁置物、悬挂物发生倒塌、脱落、坠落造成他人损害的，它的所有人或者管理人应当承担民事责任，但能够证明自己没有过错的除外。

《侵权责任法》

第八十五条　建筑物、构筑物或者其他设施及其搁置物、悬挂物发生脱落、坠落造成他人损害，所有人、管理人或者使用人不能证明自己没有过错的，应当承担侵权责任。所有人、管理人或者使用人赔偿后，有其他责任人的，有权向其他责任人追偿。

《最高人民法院关于审理人身损害赔偿案件适用法律若干问题的解释》

第十六条　下列情形，适用民法通则第一百二十六条的规定，由所有人或者管理人承担赔偿责任，但能够证明自己没有过错的除外：

（一）道路、桥梁、隧道等人工建造的构筑物因维护、管理瑕疵致人损害的；

（二）堆放物品滚落、滑落或者堆放物倒塌致人损害的；

（三）树木倾倒、折断或者果实坠落致人损害的。

前款第（一）项情形，因设计、施工缺陷造成损害的，由所有人、管理人与设计、施工者承担连带责任。

《最高人民法院关于民事诉讼证据的若干规定》（自 2002 年 4 月 1 日起施行）

第四条　下列侵权诉讼，按照以下规定承担举证责任：

（一）因新产品制造方法发明专利引起的专利侵权诉讼，由制造同样产品的单位或者个人对其产品制造方法不同于专利方法承担举证责任；

（二）高度危险作业致人损害的侵权诉讼，由加害人就受害人故意造成损害的事实承担举证责任；

（三）因环境污染引起的损害赔偿诉讼，由加害人就法律规定的免责事由及其行为与损害结果之间不存在因果关系承担举证责任；

（四）建筑物或者其他设施以及建筑物上的搁置物、悬挂物发生倒塌、脱落、坠落致人损害的侵权诉讼，由所有人或者管理人对其无过错承担举证责任；

（五）饲养动物致人损害的侵权诉讼，由动物饲养人或者管理人就受害人有过错或者第三人有过错承担举证责任；

（六）因缺陷产品致人损害的侵权诉讼，由产品的生产者就法律规定的免责事由承担举证责任；

（七）因共同危险行为致人损害的侵权诉讼，由实施危险行为的人就其行为与损害结果之间不存在因果关系承担举证责任；

（八）因医疗行为引起的侵权诉讼，由医疗机构就医疗行为与损害结果之间不存在因果关系及不存在医疗过错承担举证责任。

有关法律对侵权诉讼的举证责任有特殊规定的，从其规定。

（二）要点简析

1. 供电企业应证明自己无过错

本案属建筑物、构筑物倒塌损害责任纠纷。根据《民法通则》第一百二十六条、《侵权责任法》第八十五条和《最高人民法院关于民事诉讼证据的若干规定》第一款第（四）点，作为涉案电杆的所有人，供电企业应就电杆折断非自身过错承担举证责任。即电杆折断是"由于原告驾驶收割机在倒退过程中碰撞电线杆固定钢筋拉线所致"这一事实，应由被告负责举证。如果供电企业没有及时固定证据、提起司法鉴定，不能有效证明自己没有过错，则应承担举证不力的后果。

2. 此类案件应特别重视痕迹证据的保全处理

本案被告单位有较强的证据意识，及时到现场取证并保护现场、固定证据，为后续司法鉴定提供了第一手的翔实资料。但是，供电公司虽然及时与当地公安局、安监、村委会等一同赶到现场，对事发电线杆痕迹、收割机等相关情况拍照留存，及时固定了证据，但由于当时在场各方缺少痕迹学相关专业知识，没有对折断电线杆、拉线、收割机碰撞痕迹及拉线痕迹用比例尺进行固定，使该案件在事发一年之后再处理，并进行两次司法鉴定，复制和基本还原事发现场难度极大。假如本案中折断的电线杆、拉线丢失，或者收割机碰撞痕迹被破坏，碰撞痕迹的构件被调换，本案就无法鉴定，现场就无法还原，电线杆折断的原因就无法查明，供电公司就有可能败诉。由此可见倒塌、碰撞相关痕迹证据保全的重要性。此案件对今后处理建筑物、构筑物或者其他设施倒塌造成他人损害的事故，具有重要的借鉴作用。

三、管理建议

1. 切实加强案件处理的协调沟通

在处理类似侵权纠纷中，尤其是触电事故人身损害赔偿纠纷、电线杆等建筑物、构筑物倒塌致人损害赔偿纠纷处理，与相关部门及人员沟通极为重要。要加强与当地村委会、乡镇政府工作人员沟通，加强与司法鉴定人员、法院办案人员沟通，加强与企业法律顾问、律师沟通，了解上级文件的精神，了解电力设施的性质、产权、运行维护管理职责，了解法律适用的条款，同时对司法鉴定要据理力争，查明案件发生的根本原因，为最终处理案件打下坚实的基础。

2. 加强电力设施保护普法宣传

此案中电杆倒塌的直接原因是收割机误碰电杆拉线导致，这也再次给供电企业敲响了警钟。电力设施保护普法宣传不仅仅只是放在口头上，需要深入街道、农村最基层，例如本案发案的田间地头。要在地方政府部门的支持配合下，广泛动员、加强宣传，创造良好的氛围，强化群众安全用电及电力设施的保护意识，防范各类电力事故的发生，为企业规避潜在的法律风险。

3．加强电力设施的巡视监管处置

本案中电杆实为未拆除的废弃农灌线路，也提醒供电企业加强电力设施巡视监管。对电力设施开展定期巡视监管，不但可以及时掌握电力设备的健康状况，发现和消除缺陷，而且在预防事故的同时，从源头杜绝因电力设备未作妥善处理而导致的人身、财产损害。今后供电企业在农网改造、农业生产专项改造过程以及施工结束后，要及时整改或拆除存在风险隐患的线路与设备，加强验收力度，加强考核，防止事故隐患再次发生。

四、参考案例

无。

专题十四　路边堆放电杆致人损害的赔偿责任

一、案情简介

案号：（2014）苏审二民申字第 131 号

2012 年 11 月 12 日，原告之子驾驶小型轿车驶出道路，与供电公司摆放在公路外侧的 35 根电线杆相撞死亡。事发道路宽 7 米。供电公司堆放的电线杆距路面分别为 3.5 米和 2.8 米。事故发生后，公安局交通巡逻警察大队认定原告之子应负事故的全部责任。

一审法院认为：供电公司堆放的电线杆距公路分别为 2.8 米和 3.5 米，不违反公路法禁止性规定，公路站也不存在疏于管理的过错。遂判决驳回原告的诉讼请求。

二审法院认为：供电公司未经批准在公共道路上堆放电线杆，又未设置警示标志，未采取必要的安全防护措施，妨碍通行。供电公司有过错且与原告之子的死亡存在因果关系，应当承担相应的侵权责任。事故发生时，电线杆已经堆放 6 日之久，存在通行安全隐患，但公路站未尽管理维护义务，亦有过错，应承担次要责任。原告之子驾车未按规定速度行驶，观察疏忽，操作不当，未确保安全、文明行驶，是造成该起事故的根本原因，具有重大过失，可以减轻赔偿义务人的赔偿责任。酌定由原告之子、供电公司、公路站按照 5:4:1 比例承担赔偿责任。供电公司不服，申请再审。再审法院认为：二审并无不当，驳回供电公司的再审申请。

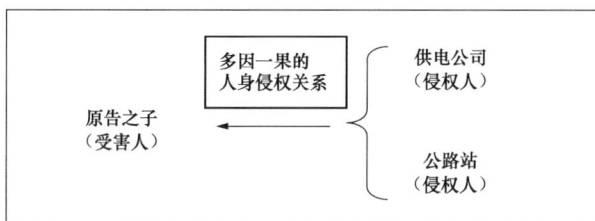

图 4-1：受害人与侵权人关系图

二、法律分析

（一）关键法条

《侵权责任法》

第二十六条　被侵权人对损害的发生也有过错的，可以减轻侵权人的责任。

第八十九条　在公共道路上堆放、倾倒、遗撒妨碍通行的物品造成他人损害的，有关单位或者个人应当承担侵权责任。

《公路安全保护条例》

第二十七条　进行下列涉路施工活动，建设单位应当向公路管理机构提出申请：

（一）因修建铁路、机场、供电、水利、通信等建设工程需要占用、挖掘公路、公路用地或者使公路改线；

（二）跨越、穿越公路修建桥梁、渡槽或者架设、埋设管道、电缆等设施；

（三）在公路用地范围内架设、埋设管道、电缆等设施；

（四）利用公路桥梁、公路隧道、涵洞铺设电缆等设施；

（五）利用跨越公路的设施悬挂非公路标志；

（六）在公路上增设或者改造平面交叉道口；

（七）在公路建筑控制区内埋设管道、电缆等设施。

《关于审理道路交通事故损害赔偿案件适用法律若干问题的解释》

第十条　因在道路上堆放、倾倒、遗撒物品等妨碍通行的行为，导致交通事故造成损害，当事人请求行为人承担赔偿责任的，人民法院应予支持。道路管理者不能证明已按照法律、法规、规章、国家标准、行业标准或者地方标准尽到清理、防护、警示等义务的，应当承担相应的赔偿责任。

（二）要点简析

1. 供电公司和公路管理局应对过错承担相应的责任

根据《侵权责任法》第八十九条，在公共道路上堆放、倾倒、遗撒妨碍通行的物品造成他人损害的,有关单位或者个人应当承担侵权责任。涉案电线杆堆放在道路外侧，在道路上客观形成了一个妨碍通行的"堆放物"。产权单位某市供电公司替换下来的旧电线杆未及时运走，放在公路上存在安全隐患。某市公路管理局为该道路管理者，具有保障公路畅通的职责。市公路管理局、供电公司对事故的发生均存在过错，应承担相应的过错责任。从本节各参考案例可知，供电公司可能承担的责任从20%～70%不等。主要还是看电杆堆放位置的现实危害性大小。如文后所列参考案例1，电缆线直接横在路面上，供电公司责任达到70%。如果一辆油罐车漏油至整个路面，导致行人伤亡，则可能需承担100%的责任。

2. 原告过错可以减轻侵权人的责任

根据《侵权责任法》第二十六条，原告疏于对自身安全的注意义务，在驾车遇障碍物时操作不当，未能在确保安全畅通的原则下通行，自身有重大过失，可以相应减轻某市公路管理局、供电公司的赔偿责任。被侵权人应承担的具体责任，也是看堆放、倾倒、遗撒妨碍通行的原因力大小，相应地判定被侵权人的过错比例。

三、管理建议

1. 加强施工现场安全和文明施工管理

因路边堆放电杆引发交通事故的情况并不少见。不仅是电杆，施工进场、退场时的工器具和材料设备，任何堆放、倾倒、撒落在路边的物品，都有可能妨碍通行，也易引发客户投诉。因此，在电力施工过程中，务必关注施工现场管理，做到安全施工、文明施工。施工时应保持道路畅通，设置明显的路标。必须在路边堆放设备、材料等物品时，要保证通道畅通，材料、土方、设备等堆放合理。可能阻碍交通的，要按照《公路安全保护条例》第二十七条的要求，事先应当向公路管理机构提出申请。主体施工工作完成后，施工现场遗留的剩余材料要堆放整齐、可靠，废料要及时清理干净，保证现场的整洁，切实做到"工完料尽场地清"。施工结束后确实无法当日完成退场的设备，应妥善放置在不妨碍交通的地方，并在其前后设置安全警示标识。有施工车辆需要在路边停放的，也要按照公安交通管理部门的要求，规范停放，避免事故风险。

2. 加强现场巡视和安全督查

当前电网建设的主网施工的安全管理相对规范，配网建设由于点多、面广，施工队伍复杂，施工人员素质参差不齐，安全管理相对薄弱，电杆等施工物品堆放在路边的情况时有发生。各施工责任主体要根据施工计划，合理制定管理措施，切实提高施工现场安全管理水平，减少事故概率。安全管理部门应通过 3G 视频监控、现场突击检查、工作负责人考问等方式加强安全督查，核查现场施工过程中限行警示牌、围栏等标识是否布置到位，场地是否按要求可靠堆放等。对不按要求执行的坚决查处，保持高压态势。同时举一反三，杜绝同类问题的再度发生。

3. 落实外包施工队伍和劳务分包人员的教育、监督和考核

各地配网工程施工队伍普遍存在非长期用工性质人员占比较大的情况，配网工程层层分包的情况也难以杜绝。这部分人员往往抱有"游击队员"的作风，做一个工程换一个地方，图省事偷点懒、把活快点干完的思想长期存在。施工管理单位也往往忽视对文明施工的监督考核。这就要求供电企业一是要做好对外包施工队伍和劳务分包人员的安全文明施工教育；二是要在合同条款中做出明确的约定，签订文明施工责任状；三是对违反规定的行为严肃批评、按规定考核，确保责任落实到位。

四、参考案例

案例 1：骑车被电缆线绊倒，供电公司担责 70%

案号：（2015）门包民初字第 0786 号

案情简述：2015 年 3 月 18 日 6 时 40 分许，原告骑自行车行驶至事故地段左转弯时，被横在路上的电缆线绊倒受伤。当时未报警。因道路交通事故成因无法查清，该市公安局交通巡逻警察大队于 2015 年 4 月 30 日作出道路交通事故证明一份。法院一审判决供电公司承担 70% 责任

126469.56 元。

案例 2：电杆拉线绊倒行人，产权人担责 70%，管理者担责 30%

案号：（2013）奎民一初字第 32 号

案情简述：2012 年 8 月 20 日晚 8 点，原告在人行道上行走时，被一根电线杆拉线绊倒受伤。该电线拉线末端一截约 6、7 厘米长的钢丝向上翘起，周围无任何提示和防护措施。被告该地区供电公司认为依据供用电合同，本案原告发生事故的电线杆拉线的产权属被告某纺织有限公司所有。被告某纺织有限公司认为供用电合同约定的用电分类是居民照明，小区居住的居民包括被告纺织有限公司的职工，被告并不是电力的受益人。法院一审判决线杆拉线产权人纺织有限公司担责 70%，市政工程养护管理处担责 30%。

案例 3：驾车撞到路边电杆，供电公司担责 30%，公路管理局担责 20%

案号：（2014）宿中民三终字第 00394 号

案情简述：2013 年 11 月 28 日 17 时，原告董某驾驶汽车撞到堆放在路上的电线杆上，造成董某驾驶的车辆损坏。董某起诉要求市供电公司和公路管理局承担赔偿责任。电杆系县供电公司工程结束后未将更换下来的电线杆及时运走。法院一审判决供电公司承担 30%、市公路管理局承担 20%的赔偿责任，原告自负 50%。二审维持原判。

案例 4：违章停车很危险，被撞还要担赔偿

案号：（2016）鄂 0325 民初 807 号、（2016）鄂 03 民终 1999 号、（2017）鄂民申 1070 号

案情简述：2016 年 4 月 24 日 21 时 30 分，龙某驾驶三轮载货摩托车行至某路段，撞到张某临时停靠在路边的中型自卸货车尾部，车辆燃烧造成龙某当场死亡、车辆受损的交通事故。同年 5 月 3 日，县公安局交通警察大队作出"龙某、张某负此起事故的同等责任"的道路交通事故责任认定。龙某亲属诉至法院。一审法院判决，超出"交强险"限额部分的 260966.75 元，由张某按 50%过错比例承担。张某不服上诉。二审法院改判龙某自行承担 70%的责任，张某承担 30%的赔偿责任。龙某亲属不服，申请再审，被驳回再审申请。

专题十五　行人车辆撞到运行电杆的赔偿责任

一、案例简介

2016 年 1 月 16 日上午 7:30，姜某驾驶两轮机动车途径某路段时，撞上电杆，经抢救无效死亡。4 天后家属到该地区供电公司，提出姜某因撞击电杆致死，要求供电公司承担赔偿责任。

图 4-2：事发现场照片

另查明：

1. 现场勘查情况。该电杆距离硬路面 0.52 米。电杆上已没有任何警示标识。是否由当事人家属刮去，已不得而知。

2. 交通事故责任认定情况。2016 年 1 月 29 日，当地交警部门出具了道路交通事故认定书，"当事人导致交通事故的过错及责任或者意外原因"结论为"姜某负事故的全部责任。"

该案件后续以调解方式结案。

二、法律分析

（一）关键法条

《民法通则》

第一百二十三条　从事高空、高压、易燃、易爆、剧毒、放射性、高速运输工具等对周围环境有高度危险的作业造成他人损害的，应当承担民事责任；如果能够证明损害是由受害人故意造成的，不承担民事责任。

第一百二十六条 建筑物或者其他设施以及建筑物上的搁置物、悬挂物发生倒塌、脱落、坠落造成他人损害的，它的所有人或者管理人应当承担民事责任，但能够证明自己没有过错的除外。

《公路法》

第三十四条 "县级以上地方人民政府应当确定公路两侧边沟（截水沟、坡脚护坡道，下同）外缘起不少于一米的公路用地。

《公路安全保护条例》

第十一条 县级以上地方人民政府应当根据保障公路运行安全和节约用地的原则以及公路发展的需要，组织交通运输、国土资源等部门划定公路建筑控制区的范围。

公路建筑控制区的范围，从公路用地外缘起向外的距离标准为：

（一）国道不少于 20 米；

（二）省道不少于 15 米；

（三）县道不少于 10 米；

（四）乡道不少于 5 米。

属于高速公路的，公路建筑控制区的范围从公路用地外缘起向外的距离标准不少于 30 米。

公路弯道内侧、互通立交以及平面交叉道口的建筑控制区范围根据安全视距等要求确定。

第二十七条 进行下列涉路施工活动，建设单位应当向公路管理机构提出申请：

（一）因修建铁路、机场、供电、水利、通信等建设工程需要占用、挖掘公路、公路用地或者使公路改线；

（二）跨越、穿越公路修建桥梁、渡槽或者架设、埋设管道、电缆等设施；

（三）在公路用地范围内架设、埋设管道、电缆等设施；

（四）利用公路桥梁、公路隧道、涵洞铺设电缆等设施；

（五）利用跨越公路的设施悬挂非公路标志；

（六）在公路上增设或者改造平面交叉道口；

（七）在公路建筑控制区内埋设管道、电缆等设施。

第五十六条　除公路防护、养护需要的以外，禁止在公路两侧的建筑控制区内修建建筑物和地面构筑物；需要在建筑控制区内埋设管线、电缆等设施的，应当事先经县级以上地方人民政府交通主管部门批准。

前款规定的建筑控制区的范围，由县级以上地方人民政府按照保障公路运行安全和节约用地的原则，依照国务院的规定划定。

建筑控制区范围经县级以上地方人民政府依照前款规定划定后，由县级以上地方人民政府交通主管部门设置标桩、界桩。任何单位和个人不得损坏、擅自挪动该标桩、界桩。

《最高人民法院关于审理人身损害赔偿案件适用法律若干问题的解释》

第十六条　下列情形，适用民法通则第一百二十六条的规定，由所有人或者管理人承担赔偿责任，但能够证明自己没有过错的除外：

（一）道路、桥梁、隧道等人工建造的构筑物因维护、管理瑕疵致人损害的；

（二）堆放物品滚落、滑落或者堆放物倒塌致人损害的；

（三）树木倾倒、折断或者果实坠落致人损害的。

前款第（一）项情形，因设计、施工缺陷造成损害的，由所有人、管理人与设计、施工者承担连带责任。

《最高人民法院关于审理道路交通事故损害赔偿案件适用法律若干问题的解释》（2012 年 12 月 21 日起施行）

第九条　因道路管理维护缺陷导致机动车发生交通事故造成损害，当事人请求道路管理者承担相应赔偿责任的，人民法院应予支持，但道路管理者能够证明已按照法律、法规、规章、国家标准、行业标准或者地方标准尽到安全防护、警示等管理维护义务的除外。

依法不得进入高速公路的车辆、行人，进入高速公路发生交通事故造成自身损害，当事人请求高速公路管理者承担赔偿责任的，适用侵权责任法第七十六条的规定。

第十一条　未按照法律、法规、规章或者国家标准、行业标准、地方标准的强制性规定设计、施工，致使道路存在缺陷并造成交通事故，当事人请求建设单位与施工单位承担相应赔偿责任的，人民法院应予支持。

（二）要点简析

1. 撞击电杆应适用过错责任原则

根据图片显示，现场为三相四线的 380 伏低压线路。如果姜某因触电死亡，则适用低压的过错责任，而不适用《民法通则》第一百二十三条的高压无过错责任原则。但姜某的死因是撞击电杆，应归为建筑物或构筑物致人损害的侵权，属于普通侵权，适用过错责任原则。即供电公司在有过错的情况下承担责任，没有过错即不承担责任。这点与高压触电的"无论是否有过错均应承担责任"明显不同。

2. 供电公司在公路边设置电杆存在一定的过错

根据《公路法》第三十四条县级以上地方人民政府应当确定公路两侧边沟（截水沟、坡脚护坡道，下同）外缘起不少于一米的公路用地。但此案中电杆的位置离硬路面仅 0.52 米。供电公司无法证明自己没有过错，则作为人工建造构筑物的所有人，应根据《最高人民法院关于审理道路交通事故损害赔偿案件适用法律若干问题的解释》第十一条，承担相应的赔偿责任。从目前所能收集到的判例看，一般需供电企业承担 10%～15%责任。

3. 公路管理者也应承担责任

根据《公路安全保护条例》第二十七规定，进行供电建设工程需要占用、挖掘公路、公路用地或者使公路改线等涉路施工活动，建设单位应当向公路管理机构提出申请。也就是说，公路管理部门对公路用地上设置电杆的情况具有管理的义务。前文案例中，公路管理者未能及时发现并整改公路用地内架设电杆的情况，也应承担相应责任。从目前所能收集到的判例看，一般按公路部门承担 10%责任来判定。

4. 撞到路灯或行道树木则没有赔偿

根据《公路法》第五十二条规定，任何单位和个人不得损坏、擅自移动、涂改公路附属设施。前款公路附属设施，是指为保护、养护公路和保障公路安全畅通所设置的公路防护、排水、养护、管理、服务、交通安全、渡运、监控、通信、收费等设施、设备以及专用建筑物、构筑物等。"划定公路用地的重要作用之一，就是设置公路设施。对于合法设置于公路用地范围内的公路设施，行人应自己尽到注意义务，避免伤害。因此，如果行人或车辆撞到了公路设施，如公路边的一棵树，或撞到了路边的路灯杆，则无法获得赔偿。

三、管理建议

1. 尽量避免与公路部门的冲突

当前电网建设的政策处理工作日益艰难。特别是各地的 10 千伏及以下电力线路，一般虽有规划红线，但该红线仅确定线路走向，并不确定每个杆洞的位置。为减少政策处理工作量，全国各地有大量 10 千伏及以下电力线路贴着公路崖子走。因此，遇有此类案例，建议责任单位以诉前调解为主，尽量避免诉讼，避免与公路部门形成正面冲突，给后续杆线落地造成不利。为给后续电网建设特别是农网建设赢得沟通的空间，前文案例即采用了调解的策略。

2. 不断完善公众责任险条款并注意调解策略

为减少财务账目处理难度，建议供电企业在购买"电网一切险"或"公众责任险"时，增加特别约定条款，扩大被保险人所有或管理的供电设备及供电线路导致第三者人身伤亡或财产损失的承保范围。

值得注意的是，即使参加了公众责任险并设置了相应的赔偿条款，具体实务处理时还是要把握策略。建议与保险公司提前沟通，协商好可赔偿的额度，由供电企业出面与被侵权人或其家属协商，保险公司不宜参与调解，以避免被侵权人或其家属认为有保险公司兜底，要求供电企业除保险赔偿外再额外支出一笔费用的情况，给事件的顺利处理造成一定的风险。

四、参考案例

案例 1：驾车撞路边电杆致死，公路管理部门和产权单位各担责 10%

案号：（2014）常民四终字第 161 号

案情简介：受害人周某于 2013 年 8 月 7 日下午，无证驾驶无牌普通两轮摩托车行至某村弯道时，与道路右侧外的电线杆相撞，造成车辆受损、受害人周某受伤经医院抢救无效死亡的道路交通事故。涉事电线杆与公路路面外缘距离为 0.86 米。一审法院判定公路局、供电公司各承担 10%的责任。二审维持原判。

案例 2：驾车撞路中央电杆致死，产权单位担责 50%

案号：（2015）邢民一终字第 247 号

案情简介：原告之子范某于 2014 年 11 月 1 日 22 时许，无证、醉酒骑摩托车沿七里河南岸道路行驶，与路中央的电杆相撞而亡。交警部门出具的道路交通事故认定书认定：电杆的产权单位与受害人分别负此次事故的同等责任。一审法院判决产权单位担责 50%。二审维持该比例。

案例 3：驾车撞路中央电杆致死，实际管理者担责 70%

案号：（2016）苏 03 民终 2603 号

案情简介：2013 年 6 月 22 日 20 时 08 分许，袁某驾驶无号牌二轮摩托车撞到慢速机动车道中间位置的电线杆，致袁某受伤，车辆损坏。一审法院认为被告住建局系事发时道路的实际管理者，其在明知涉事电线杆权属不明、对电线杆的管理责任无人承担的情况下，没有及时在涉案道路设置明显警示标志或采取安全措施，怠于履行其对道路的清理、防护、警示等义务，应当对事故的发生承担 70%的责任。二审维持原判。

案例 4：驾车撞路边电杆致伤，产权单位、管理者共担 30%

案号：（2017）皖 1523 民初 392 号

案情简介：2016 年 4 月 17 日 20 时 00 分左右，原告任某驾驶无号牌普通二轮摩托车因操作不当，撞上道路南侧路面上距离路边缘 0.8 米的电线杆致伤，车辆受损。一审判决电线杆的产权单位、道路管理者共同承担 30%的责任。

案例 5：电杆水泥防护墩嵌入车行道，产权单位担责 30%

案号：（2014）南民终字第 882 号

案情简介：2013 年 7 月 10 日 20 时 30 分许，王某驾驶无牌轻便二轮摩托车至事发路段时，车辆碰撞部分嵌入车行道的电杆水泥防护墩，造成所载人员伤亡，摩托车损坏的交通事故。《道路交通事故认定书》认定王某承担本事故主要责任，电杆产权单位承担本事故次要责任。法院一审判决电杆产权单位承担 30%的赔偿责任，二审维持原判。

专题十六　路边电力设施被撞应及时报案索赔

一、案例简介

案号：无

2015 年 2 月 10 日 20 时 30 分左右，张某驾驶小轿车经事故路段，将马路东侧河坎上承载变压器的电线杆撞断后，翻入河沟死亡。

本案共涉及四个判决。

一是张某家属诉供电公司的人身损害责任纠纷案。一审判决供电公司承担 15%的赔偿责任，二审维持判决。案号：（2015）州民一初字第 03821 号，（2016）皖 12 民终 570 号。二是供电公司诉张某家属的财产损害赔偿纠纷案，要求被告赔偿设备及停电直接经济损失 43581.7 元。一审判决驳回供电公司的诉讼请求。二审维持原判。案号：（2016）皖 1202 民初 35 号，（2016）皖 12 民终 1886 号。

案号：（2016）冀 03 民终 1910 号

2014 年 12 月 19 日，肖某驾驶汽车发生单方交通事故。交通警察大队出具事故认定书，确认肖某因冰雪路滑操作不当，致使车辆侧滑撞到公路西侧的树上及电杆拉线上，造成某公司的变压器、某旅游开发区树木、某供电公司的电杆损坏，肖某负本次事故的全部责任。某公司诉至法院要求赔偿损失。法院一审判决被告投保的保险公司赔偿原告的变压器等财产损失。二审维持原判。

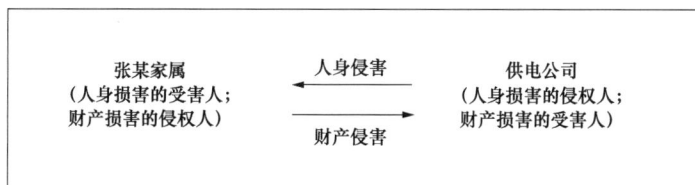

图 4-3：受害人与侵权人关系图

二、法律分析

（一）关键法条

《公路法》

第三十四条　县级以上地方人民政府应当确定公路两侧边沟（截水沟、坡脚护坡道，下同）外缘起不少于一米的公路用地。

《电力设施保护条例》

第十条　电力线路保护区：

（一）架空电力线路保护区：导线边线向外侧水平延伸并垂直于地面所形成的两平行面内的区域，在一般地区各级电压导线的边线延伸距离如下：

| 1—10 千伏 | 5 米 | 35—110 千伏 | 10 米 |
| 154—330 千伏 | 15 米 | 500 千伏 | 20 米 |

在厂矿、城镇等人口密集地区，架空电力线路保护区的区域可略小于上述规定。但各级电压导线边线延伸的距离，不应小于导线边线在最大计算弧垂及最大计算风偏后的水平距离和风偏后距建筑物的安全距离之和。

（二）电力电缆线路保护区：地下电缆为电缆线路地面标桩两侧各0.75 米所形成的两平行线内的区域；海底电缆一般为线路两侧各 2 海里（港内为两侧各 100 米），江河电缆一般不小于线路两侧各 100 米（中、小河流一般不小于各 50 米）所形成的两平行线内的水域。

第二十七条　违反本条例规定，危害发电设施、变电设施和电力线路设施的，由电力管理部门责令改正；拒不改正的，处 1 万元以下的罚款。

（二）要点简析

从《电力设施保护条例》的角度，距离 1～10 千伏电杆 5 米内是电力设施保护区，任何危害电力设施的行为，其单位或个人应承担相应责任并赔偿损失。从公路法角度，公路外缘起不少于的 1 米的位置是公路用地。对这两类有冲突的法律条文，适用于撞击电杆造成伤亡和撞击电杆把电杆撞坏两种情况，会有不同的运用结果。

关于前文所列案例 1 的人身损害赔偿案，法院认为，公民的生命健

112

康权受法律保护。某供电公司作为涉案电线杆的产权单位，知道也应当知道该涉案电线杆位于公路用地范围内，存在安全隐患，其本应及时迁移或在电线杆周围设置明显警示标志并实施有效防护，对事故的发生有一定的过错，应承担未尽管理和注意义务而产生的相应赔偿责任。且无论该电线杆的设置时间为何时，在相关法律规定实施后其都应采取迁移、埋设等处理方式消除安全隐患。关于案例1的财产损害赔偿纠纷案，法院引用上述人身损害赔偿案的判决结果，认为原告某供电公司作为电力设施的管理者，将其所有的电线杆设置在公路用地范围内，存在一定安全隐患，且未在电线杆周围设置明显警示标志等安全防护措施，自身存在过错，故对原告要求被告赔偿损失的诉讼请求不予支持。

但同样是撞击电杆，在前文所列案例2的赔偿纠纷案中，因为仅涉及电杆等的财产损害，不涉及人身伤亡，法院支持电力设施产权人的财产损害赔偿请求。

结论：综合各类因交通事故破坏电力设施的案件，对公路法与电力法冲突条款的援引，一般会从保护弱者的角度出发。未发生人身伤亡的，法院一般支持保险公司赔偿供电设施产权人的损失。发生人身伤亡的，法院一般依据公路相关法律法规等，根据现场电杆设置情况，判决供电设施产权人、道路管理者各承担10%～15%的赔偿责任。

三、管理建议

电力设施遭受外力破坏后，不仅抢修恢复需投入大量的人员、设备，也给整个电网系统安全稳定运行带来极大威胁，并且极易引发"频繁停电"类投诉，对供电企业的正常供电服务带来负面影响。

1. 及时报案并加强内部沟通

在具体实务中，电力设施运行维护一般由运检部门负责，而保险理赔则由安监、财务等部门负责。电力设施遭受外力破坏后，供电企业的运检、安监、财务等部门如果内部沟通不力，仅仅忙于和当事人协商处理，可能会发生疏于及时向公安机关、保险公司报案的情况，造成财产损害无法理赔。外边破坏事故发生后，相关责任部门应及时向公安、保险公司报案。公司运维、安监、法务等部门应群策群力，加强案件分析研讨，做好证据固定、损失评估等工作，主动出击借助公权力，有效打击破坏电力设施的侵权行为,为企业挽回经济损失。

2. 加强重点部位的运维巡视

当前电力设施外力破坏的重点主要集中在施工建设、违章建房、树木碰线三个方面。特别是一些高速公路施工、房地产开发楼盘建设、市政建设等工程施工,普遍存在施工单位穿越或者临近高压输电线路、施工期间塔吊旋转吊臂及起吊钢丝绳随时有碰触输电线路等潜在隐患。部分大型机械在杆塔及拉线基础周围开挖取土施工,也严重威胁杆塔基础稳定。农村地区的违章建房、塑料大棚、树木碰线造成外力破坏的情况更不鲜见。需要供电企业根据当地实际情况,有的放矢地加强运维巡视力量,尽量减少外力破坏现象。

图 4-4:电力设施遭受外力破坏

3. 加强警示教育和群众宣传

电力设施保护是一项长期而艰巨的系统工程,仅靠供电企业一家之力无法妥善解决,需要动员全社会的力量全员防范。供电企业要加强与政府、部门及地方群众的沟通,建好义务护线员队伍,及时发现电力设施隐患，警示教育周边群众，为电力设施保护和电网运行安全创造了良好外部环境。

四、参考案例

案例：驾车撞坏电线杆，保险公司赔偿财产及停电损失

案号：（2014）潍民四终字第 589 号

案情简介：2013 年 11 月 15 日 12 时 50 分许，杨某驾驶重型货车因轮胎脱落，车辆翻入沟内撞坏电线杆，致使车辆受损、汽油泄漏及电线杆、路灯杆损坏、线路短路缺相运行致潜卤泵烧毁的事故。交通事故认定书认定杨某承担事故的全部责任。某供电公司诉至法院要求赔偿相关损失。法院一审判决杨某投保的保险公司支付原告因该交通事故造成的损失 162460 元。二审维持原判。

第五章　电费回收专题

专题十七　对破产重整企业的电费回收策略

一、案例简介

案号：（2014）延民初字第 3110 号

原、被告于 2012 年 11 月 2 日签订一份《高压供用电合同》。原告依约向被告供电，但被告于 2014 年 3 月开始拖欠电费，原告经催收无果，2014 年 5 月 5 日停止向被告供电。截至 2014 年 6 月 24 日被告共拖欠电费 218358.78 元，违约金为 19743.76 元。诉请法院要求被告支付电费及违约金。

法院认为，被告已向法院申请重整。原告已向管理人申报债权并已经登记，管理人将依据法律相关规定对原告的债权进行审查，原告如对相关审查结果有异议，仍可提起破产债权确认诉讼。裁定驳回原告起诉。

二、法律分析

（一）关键法条

《合同法》

第六十八条　应当先履行债务的当事人，有确切证据证明对方有下列情形之一的，可以中止履行：

（一）经营状况严重恶化；

（二）转移财产、抽逃资金，以逃避债务；

（三）丧失商业信誉；

（四）有丧失或者可能丧失履行债务能力的其他情形。

当事人没有确切证据中止履行的，应当承担违约责任。

第六十九条　当事人依照本法第六十八条的规定中止履行的，应当及时通知对方。对方提供适当担保时，应当恢复履行。中止履行后，对方在合理期限内未恢复履行能力并且未提供适当担保的，中止履行的一方可以解除合同。

《企业破产法》

第二条　企业法人不能清偿到期债务，并且资产不足以清偿全部债务或者明显缺乏清偿能力的，依照本法规定清理债务。

企业法人有前款规定情形，或者有明显丧失清偿能力可能的，可以依照本法规定进行重整。

第十八条　人民法院受理破产申请后，管理人对破产申请受理前成立而债务人和对方当事人均未履行完毕的合同有权决定解除或者继续履行，并通知对方当事人。管理人自破产申请受理之日起二个月内未通知对方当事人，或者自收到对方当事人催告之日起三十日内未答复的，视为解除合同。

管理人决定继续履行合同的，对方当事人应当履行；但是，对方当事人有权要求管理人提供担保。管理人不提供担保的，视为解除合同。

第四十二条　人民法院受理破产申请后发生的下列债务，为共益债务：

（一）因管理人或者债务人请求对方当事人履行双方均未履行完毕的合同所产生的债务；

（二）债务人财产受无因管理所产生的债务；

（三）因债务人不当得利所产生的债务；

（四）为债务人继续营业而应支付的劳动报酬和社会保险费用以及由此产生的其他债务；

（五）管理人或者相关人员执行职务致人损害所产生的债务；

（六）债务人财产致人损害所产生的债务。

第四十三条　破产费用和共益债务由债务人财产随时清偿。

债务人财产不足以清偿所有破产费用和共益债务的，先行清偿破产费用。

债务人财产不足以清偿所有破产费用或者共益债务的，按照比例清偿。

债务人财产不足以清偿破产费用的，管理人应当提请人民法院终结破产程序。人民法院应当自收到请求之日起十五日内裁定终结破产程序，并予以公告。

第一百一十三条　破产财产在优先清偿破产费用和共益债务后，依照下列顺序清偿：

（一）破产人所欠职工的工资和医疗、伤残补助、抚恤费用，所欠的应当划入职工个人账户的基本养老保险、基本医疗保险费用，以及法律、行政法规规定应当支付给职工的补偿金；

（二）破产人欠缴的除前项规定以外的社会保险费用和破产人所欠税款；

（三）普通破产债权。

破产财产不足以清偿同一顺序的清偿要求的，按照比例分配。

破产企业的董事、监事和高级管理人员的工资按照该企业职工的平均工资计算。

最高人民法院关于适用《中华人民共和国企业破产法》若干问题的规定（二）（2013 年 7 月 29 日最高人民法院审判委员会第 1586 次会议通过）法释〔2013〕22 号

第二十一条　破产申请受理前,债权人就债务人财产提起下列诉讼,破产申请受理时案件尚未审结的, 人民法院应当中止审理：

（一）主张次债务人代替债务人直接向其偿还债务的；

（二）主张债务人的出资人、发起人和负有监督股东履行出资义务的董事、高级管理人员，或者协助抽逃出资的其他股东、董事、高级管理人员、实际控制人等直接向其承担出资不实或者抽逃出资责任的；

（三）以债务人的股东与债务人法人人格严重混同为由，主张债务人的股东直接向其偿还债务人对其所负债务的；

（四）其他就债务人财产提起的个别清偿诉讼。

债务人破产宣告后，人民法院应当依照企业破产法第四十四条的规定判决驳回债权人的诉讼请求。但是，债权人一审中变更其诉讼请求为追收的相关财产归入债务人财产的除外。

债务人破产宣告前，人民法院依据企业破产法第十二条或者第一百零八条的规定裁定驳回破产申请或者终结破产程序的，上述中止审理的案件应当依法恢复审理。

第二十三条　破产申请受理后，债权人就债务人财产向人民法院提起本规定第二十一条第一款所列诉讼的，人民法院不予受理。

（二）要点简析

1. 对已被受理破产用户的陈欠电费不能提起个别清偿诉讼

根据最高人民法院关于适用《中华人民共和国企业破产法》若干问题的规定（二）第二十一条、第二十三条，破产申请受理后，债权人就债务人财产向人民法院提起个别清偿诉讼的，人民法院不予受理。前文案例中，供电公司的电费债权已经向管理人申报并登记，符合人民法院不予受理的条件，因此被法院裁定驳回，案件未进入实质审理。

2. 电费如被例入普通债权较难取得优先权

电费回收重在事先防范，一旦形成欠费，电费如被列入普通破产债权则回收无望。根据《企业破产法》第一百一十三条第一款，电费债权如被列入普通破产债权则位列职工安置相关费用、社保及税金之后，与其他普通欠款属同一序列。根据该条第三款"破产财产不足以清偿同一顺序的清偿要求的，按照比例分配"之规定，一旦电费作为普通债权列入比例分配，一般会因为破产人已无财产可执行而终结，或者即使有财产可供执行，兑现的比例也很低，对电费足额回收十分不利。而且法院破产执行程序复杂、耗时较长，往往对基层供电企业完成电费回收相关指标造成很大的被动。

3. 电费如能列入共益债务则享有优先权

根据《企业破产法》第四十二、四十三条，因管理人或债务人请求对方当事人履行双方均未履行完毕的合同所产生的债务或者为债务人继续营业由此产生的债务为共益债务，共益债务由债务人财产随时清偿。实务中，有个别供电公司在得知企业提起破产申请后，根据企业部分业务效益较好还需继续营业请求供电企业继续供电的特殊情况，及时向管理人提出催告，将电费作为双方未履行完毕的《供用电合同》的支出或者继续营业所产生的债务，列入共益债务，得以及时回收。

4. 不安抗辩权应行权有据并及时通知

不安抗辩权是指双方合同成立后，有先后履行顺序的，先履行的一方有确切证据表明另一方丧失履行债务能力时，在对方没有恢复履行能力或者没有提供担保之前，有权中止履行合同的权利。

根据《合同法》第六十八条和六十九条，供电企业主动行使不安抗辩权应注意两点：一是要有确切的证据。供电方应证明对方存在经营状况严重恶化；转移财产、抽逃资金，以逃避债务；丧失商业信誉；有丧失或者可能丧失履行债务能力的其他情形。如果供电方没有确切证据就中止供电，则应当承担违约责任。根据《企业破产法》第二条，如已知对方已提起破产重整申请，则可以作为对方可能丧失履行债务能力的证据，从而提起不安抗辩权。如果对方仅仅只是经常拖欠电费并多次产生违约金，则不能必然地证明对方有丧失或者可能丧失履行债务的能力。二是应履行通知义务。供电方作为先履行供电义务的一方，要中止供电前，不仅应按照《合同法》第六十八条履行提起不安抗辩权的通知义务，而且因为《供用电合同》的特殊性，还应按照法律法规规定及《供用电合同》的约定，规范地履行中止供电的相关程序，满足提前3至7天送达停电通知书、24小时及停电前30分钟再通知等要求。此外，如果用户提供了适当的担保，则应及时恢复供电。

三、管理建议

1. 加强客户跟踪，及时掌握客户经营状况

从电费回收的角度，基层供电企业应借鉴供电所高、低压末端融合、建设"全能型"供电所的经验，充分关注用电检查职责与电费催收职责的融合。在农村供电所，要把日常电费回收作为"网格化+专业化"的运检、营销业务的一部分，列入对网格主人的考核。在运检、营销业务分开管理的城区，或者是由市公司供电营业部单列管理的企业客户，建议各级供电企业把电费回收的指标分解到用电检查、业务查勘等相关岗位，以便及时掌握客户最新的真实生产状况，提高电费回收的主动性和应对能力。一旦发现客户有丧失履行债务能力的可能，即应谋划启动不安抗辩权等措施，保证电费回收。

2. 拓展电费分析渠道，加强量、价、费分析跟踪

一是要充分利用好各类系统。加强电费专业人员对用电采集等相关系统的应用、分析能力，加强客户量、价、费的跟踪，提高电费风险的辨识能力。二是加强客户电费风险信用评价。可借鉴部分供电企业的做法，依据客户的交费情况、欠费风险、信誉度等，建立客户电费回收风险等级库，将客户分为一星到五星五个电费回收风险等级，并每月根据客户缴费情况及电量电费进行更新，以增强电费风险防范能力，提高电费回收管控水平。国家电网公司系统推行客户交费信息纳入社会征信系统的做法，也取得了较好的效果。

3. 充分运用诉讼策略，更好地实现电费债权

与电费回收相关的法律手段主要有行使不安抗辩权、及时催告管理

人将电费列入共益债务、及时登记债权、及时取得执行相关裁定书等，每一项催费手段的行使都涉及较为专业的法律知识和实务，需要供电企业具体情况具体分析，针对不同的阶段采取不同的策略，以达到最好的回收效果。一是及时行使不安抗辩权。一旦发现用户生产经营状况不佳，应及时收集证据，按程序做好各步骤的书面通知，充分利用不安抗辩权中止供电，减少损失、促进回收。二是争取列入共益债务。在用户已申请破产重整，还有恢复经营意愿或有接盘主体的情况下，建议及时履行催告义务，与债务人或管理人做好沟通，或者请相关政府部门介入，争取列入共益债务，优先支付电费。三是及时登记或提起诉讼。对已进入破产程序，重整无望的企业，应及时整理客户档案及欠费证据，申报电费债权，以便后续财务处理。实务中也有部分企业虽然已经营不善，但既不申请破产也不恢复生产，一走了之的情况，此时应及时启动诉讼程序、执行程序，确认电费债权及执行结果。

四、参考案例

案例：已登记的电费债权，不得另行起诉主张

案号：（2015）鄂郧民初字第 01178 号、（2015）鄂十堰中民三终字第 00638 号

案情简介：原告某县供电公司诉请法院，请求该县某矿业投资开发经营部支付所欠电费 817717.37 元及违约金。一审法院认为，被告已进入破产清算程序，供电公司对破产财产提起的个别清偿诉讼，不予受理。裁定驳回原告起诉。供电公司以被告与申请破产的某实业有限公司与该县某矿业投资开发经营部是两个不同的独立法人为由，提起上诉。二审法院认为，已发生法律效力的裁定确认矿业投资开发经营部的全部资产属于实业有限责任公司的破产财产。裁定驳回上诉，维持原裁定。

专题十八　电费违约金可以向法院申请调整

一、案例简介

案号：（2014）长中民二初字第 01156 号、（2014）湘高法民二终字

第 138 号

2012 年 4 月 10 日，某供电公司（供电人）与某矿业公司（用电人）签订了《供用电合同》确立了供用电关系，双方约定每月电费分 2 次支付，用电人违反合同约定逾期交付电费，当年欠费部分每日按欠交额的千分之二，跨年度欠费部分每日按欠交额的千分之三计付。矿业公司因生产需要每月均产生大额电费，矿业公司经常拖欠电费。供电公司已 8 次向该矿业公司送达《备款缴费通知书》，告知其欠缴电费金额和缴纳期限，逾期供电公司将进行停、限电方式催费。截至 2014 年 9 月 30 日，矿业公司共欠缴电费 57204572.2 元，违约金 3631217.34 元。

一审法院对供电公司要求矿业公司支付欠缴电费的诉讼请求予以支持。但是，合同约定的千分之二的违约金支付比例过高，将其调整为同期银行贷款利率的四倍，对超过部分不予支持。二审维持原判。

二、法律分析

（一）关键法条及合同条文
《合同法》

第一百零七条　当事人一方不履行合同义务或者履行合同义务不符合约定的，应当承担继续履行、采取补救措施或者赔偿损失等违约责任。

第一百一十四条　当事人可以约定一方违约时应当根据违约情况向对方支付一定数额的违约金，也可以约定因违约产生的损失赔偿额的计算方法。

约定的违约金低于造成的损失的，当事人可以请求人民法院或者仲裁机构予以增加；约定的违约金过分高于造成的损失的，当事人可以请求人民法院或者仲裁机构予以适当减少。

当事人就迟延履行约定违约金的，违约方支付违约金后，还应当履行债务。

最高人民法院关于适用《中华人民共和国合同法》若干问题的解释（二）（简称"合同法解释二"）。

第二十九条　当事人主张约定的违约金过高请求予以适当减少的，人民法院应当以实际损失为基础，兼顾合同的履行情况、当事人的过错程度以及预期利益等综合因素，根据公平原则和诚实信用原则予以衡量，并作出裁决。

当事人约定的违约金超过造成损失的百分之三十的，一般可以认定为合同法第一百一十四条第二款规定的"过分高于造成的损失"。

《电力供应与使用条例》

第二十七条　供电企业应当按照国家核准的电价和用电计量装置的记录，向用户计收电费。用户应当按照国家批准的电价，并按照规定的期限、方式或者合同约定的办法，交付电费。

第三十九条　违反本条例第二十七条规定，逾期未交付电费的，供电企业可以从逾期之日起，每日按照电费总额的 1‰ 至 3‰ 加收违约金，具体比例由供用电双方在供用电合同中约定；自逾期之日起计算超过 30 日，经催交仍未交付电费的，供电企业可以按照国家规定的程序停止供电。

《供电营业规则》（1996 年 10 月 8 日颁布施行）

第八十六条　对月用电量较大的用户，供电企业可按用户月电费确定每月分若干次收费，并于抄表后结清当月电费。收费次数由供电企业与用户协商确定，一般每月不少于三次。对于银行划拨电费的，供电企业、用户、银行三方应签订电费划拨和结清的协议书。

供用双方改变开户银行或账号时，应及时通知对方。

第九十八条　用户在供电企业规定的期限内未交清电费时，应承担电费滞纳的违约责任。电费违约金从逾期之日起计算至交纳日止。每日电费违约金按下列规定计算：

1. 居民用户每日按欠费总额的千分之一计算；

2. 其他用户：

（1）当年欠费部分，每日按欠费总额的千分之二计算；

（2）跨年度欠费部分，每日按欠费总额的千分之三计算。

电费违约金收取总额按日累加计收，总额不足 1 元者按 1 元收取。

《高压供用电合同》（国家电网公司 2017 版）

38.4　用电人有以下违约行为的还应按合同约定向供电人支付违约金、违约使用电费：

（1）用电人违反本合同约定逾期交付电费，当年欠费部分的每日按欠交额的千分之二、跨年度欠费部分的每日按欠交额的千分之三计付，但累计不超过造成损失的百分之三十，交纳电费时应先冲抵到期电费债务，即用电人应先交纳电费欠费后再交纳违约金；

（二）要点简析

1. 违约金过高可以向法院申请调整

前文案例中，供电公司（供电人）与矿业公司（用电人）在《供用电合同》中明确约定了逾期交付电费的违约金，当年欠费部分的每日按欠交额的千分之二，跨年度欠费部分的每日按欠交额的千分之三计付，该约定完全符合《电力供应与使用条例》第三十九条、《供电营业规则》第九十八条之规定。既符合法定，又有供用电合同条款明确约定，供电人按合同约定计算的违约金数额为何没有获得法院的全额支持？这是因为，电费违约金的金额除应符合《电力供应与使用条例》《供电营业规则》相关规定及《供用电合同》约定外，还应接受《合同法》《合同法》解释二的调整，约定的违约金过分高于造成的损失的，当事人可以请求人民法院或者仲裁机构予以适当减少。本案 5700 多万的电费本金，按合同约定应产生 360 多万的电费违约金，虽然未超过《合同法》解释二第二款所述的 30%，但法院可以综合各方因素，根据公平原则和诚实信用原则衡量违约金的数额，因此做出了按照同期银行贷款利率四倍计算违约金的判决。

需要说明的是，本案的供用电合同签订于 2016 年之前，合同条款中对违约金的约定还是按照《供电营业规则》第九十八条确定的。2016 年后，国家电网公司新版的供用电合同，对电费违约金作出了"累计不超过造成损失的百分之三十"的限定，更符合《合同法》的精神。

2. 法院一般不主动调整违约金

值得注意的是，违约金的下调或上调应依据当事人的请求做出。如果当事人无异议，法院一般不主动下调违约金。如文后参考案例，法院即全额支持电费违约金按照合同约定计收。对一些欠费额度本身不大的案件，法院也不一定完全按照"当事人约定的违约金超过造成损失的百分之三十"即是"过分高于造成的损失"，也可以认为供用电双方签订的《供用电合同》关于违约金的比例是双方协商约定的内容，属于真实意思的表示，且并不违反相关的法律法规，无须调整。

三、管理建议

1. 严格执行电费违约金制度

供电企业对未在规定期限内缴纳电费的客户，小到普通居民的几元几角，大到企、事业单位的几千几万，都应严格按照规定收取电费违约金，通过经济杠杆让客户了解到欠费所付出的代价远远大于银行贷款利息，拖欠电费必须付出代价，彻底消除客户"欠费有利"的思想，从而促进电费按时回收。在内部管理上，要在所有客户违约金全部纳入营销系统管理的基础上，加强违约金减免的审批把关，要求各基层班组准确、详细地填写违约金减免理由，避免随意减免电费违约金。

2. 明确约定违约金条款

"先用电、后付费"的电费交易方式对供电企业造成极大的电费回收风险。在供用电合同中预先约定违约金条款，可以促使用电人及时交纳电费。虽然《供用电合同》中约定的违约金计算额可能被法院调整，但这也恰恰说明了《供用电合同》的极端重要性。如果供用电双方未签《供用电合同》或者合同中对违约金的约定不明，则电费回收的风险更大。

3. 多措并举防范电费风险

各级供电企业除在《供用电合同》中约定电费违约金外，还应采取其他有效措施防范电费风险。一是对于用电量较大的用户，应充分运用《供电营业规则》第八十六条之规定，做好分次结算工作。二是对于经常欠缴电费的用户，应将用户欠费信息及时纳入社会征信体系，借助征信系统的威慑作用和限制，促进用户及时交清电费。三是一旦发现用户经营状况不佳，应及时分析对策，制订催费策略，必要时应主动提起法律诉讼，维护自身的合法权益。

四、参考案例

案例：被告主张不计算与要求下调不同，法院支持全额违约金

案号：（2015）杭富新商初字第 394 号

案情简介：2011 年 12 月 28 日，原告某市供电局与被告某铁塔公司签订《高压供用电合同》一份，合同有效期为三年，自 2011 年 12 月 28 日起至 2014 年 12 月 27 日止，合同有效期届满，双方均未对合同履行提出书面异议，合同有效期重复继续维持。合同约定在发供电系统正常的情况下，原告连续向被告供电，被告按约于每月 25 日抄表后付清当月全部电费。合同还约定，被告逾期交付电费的，原告按规定向被告计收电费违约金，违约金自逾期之日起算至缴费之日止，当年欠费部分，每日

按欠费总额的千分之二计算。2015 年 3 月 27 日，被告铁塔公司共计结欠电费 42448.21 元，经原告多次催讨，被告分文未付。被告辩称不应计算违约金，但未申请下调。法院判决被告按合同约定支付电费及违约金。

专题十九　未登记的物电抵押也可优先受偿

一、案例简介

案号：（2014）洪商初字第 00663 号

2012 年 8 月 8 日，原、被告双方分别签订《高压供用电合同》《负控预购电费结算协议》各一份，约定：某公司以其所有的两台容量为 630 千伏安变压器、两台容量为 1000 千伏安变压器、两台容量为 1250 千伏安变压器及配套 20 千伏开关柜、0.4 千伏开关柜抵押给某供电公司作为本合同电费的担保。违约责任约定为按照《供电营业规则》相关条款处理。自 2014 年 3 月、4 月，被告未按约交纳电费，合计欠费 2845728.94 元。该款经原告索要未果。后被告进入破产程序。原告诉请法院，请求确认对被告享有的 3592271.44 元债权，并确认这些债权是属于有财产担保的债权，对此抵押财产享有优先受偿权。被告辩称：双方之间电力供应关系及欠电费 2845728.94 元无异议，但原告主张的滞纳金过高，请求依法调整。关于原告主张优先权，被告认为双方虽然签订了抵押合同，但没有办理登记手续，故原告不享有优先受偿权。

法院判决：违约金按日千分之一计算，原告供电公司对《高压供用电合同》项下抵押财产拍卖、变卖款项享有优先受偿权。

二、法律分析

（一）关键法条

《供电营业规则》（1996 年 10 月 8 日颁布施行）

第九十八条　用户在供电企业规定的期限内未交清电费时，应承担电费滞纳的违约责任。电费违约金从逾期之日起计算至交纳之日止。每日电费违约金按下列规定计算：居民用户每日按欠费总额的千分之一计算；其他用户：当年欠费部分每日按欠费总额的千分之二计算；跨年度欠费部分,每日按欠费总额的千分之三计算。

《合同法》

第一百一十四条 当事人可以约定一方违约时应当根据违约情况向对方支付一定数额的违约金,也可以约定因违约产生的损失赔偿额的计算方法。

约定的违约金低于造成的损失的,当事人可以请求人民法院或者仲裁机构予以增加;约定的违约金过分高于造成的损失的,当事人可以请求人民法院或者仲裁机构予以适当减少。

当事人就迟延履行约定违约金的,违约方支付违约金后,还应当履行债务。

最高人民法院关于适用《中华人民共和国合同法》若干问题的解释(二)

第二十九条 当事人主张约定的违约金过高请求予以适当减少的,人民法院应当以实际损失为基础,兼顾合同的履行情况、当事人的过错程度以及预期利益等综合因素,根据公平原则和诚实信用原则予以衡量,并作出裁决。

当事人约定的违约金超过造成损失的百分之三十的,一般可以认定为合同法第一百一十四条第二款规定的"过分高于造成的损失"。

《物权法》

第一百八十条 债务人或者第三人有权处分的下列财产可以抵押:

(一)建筑物和其他土地附着物;

(二)建设用地使用权;

(三)以招标、拍卖、公开协商等方式取得的荒地等土地承包经营权;

(四)生产设备、原材料、半成品、产品;

(五)正在建造的建筑物、船舶、航空器;

(六)交通运输工具;

(七)法律、行政法规未禁止抵押的其他财产。

抵押人可以将前款所列财产一并抵押。

第一百八十一条 经当事人书面协议,企业、个体工商户、农业生产经营者可以将现有的以及将有的生产设备、原材料、半成品、产品抵押,债务人不履行到期债务或者发生当事人约定的实现抵押权的情形,债权人有权就实现抵押权时的动产优先受偿。

第一百八十七条 以本法第一百八十条第一款第一项至第三项规定的财产或者第五项规定的正在建造的建筑物抵押的,应当办理抵押登记。抵押权自登记时设立。

第一百八十八条 以本法第一百八十条第一款第四项、第六项规定的财产或者第五项规定的正在建造的船舶、航空器抵押的,抵押权自抵押合同生效时设立;未经登记,不得对抗善意第三人。

第一百八十九条 企业、个体工商户、农业生产经营者以本法第一百八十一条规定的动产抵押的,应当向抵押人住所地的工商行政管理部门办理登记。抵押权自抵押合同生效时设立;未经登记,不得对抗善意第三人。

依照本法第一百八十一条规定抵押的,不得对抗正常经营活动中已支付合理价款并取得抵押财产的买受人。

《担保法》

第四十条 订立抵押合同时,抵押权人和抵押人在合同中不得约定在债务履行期届满抵押权人未受清偿时,抵押物的所有权转移为债权人所有。

第四十一条 当事人以本法第四十二条规定的财产抵押的,应当办理抵押物登记,抵押合同自登记之日起生效。

第四十二条 办理抵押物登记的部门如下:

(一)以无地上定着物的土地使用权抵押的,为核发土地使用权证书的土地管理部门;

(二)以城市房地产或者乡(镇)、村企业的厂房等建筑物抵押的,为县级以上地方人民政府规定的部门;

(三)以林木抵押的,为县级以上林木主管部门;

(四)以航空器、船舶、车辆抵押的,为运输工具的登记部门;

(五)以企业的设备和其他动产抵押的,为财产所在地的工商行政管理部门。

第四十三条 当事人以其他财产抵押的,可以自愿办理抵押物登记,抵押合同自签订之日起生效。

当事人未办理抵押物登记的,不得对抗第三人。当事人办理抵押物登记的，登记部门为抵押人所在地的公证部门。

《物权法》

第一百七十八条　担保法与本法的规定不一致的，适用本法。

最高人民法院关于适用《中华人民共和国担保法》若干问题的解释法释〔2000〕44号

第五十七条　当事人在抵押合同中约定，债务履行期届满抵押权人未受清偿时，抵押物的所有权转移为债权人所有的内容无效。该内容的无效不影响抵押合同其他部分内容的效力。

债务履行期届满后抵押权人未受清偿时，抵押权人和抵押人可以协议以抵押物折价取得抵押物。但是，损害顺序在后的担保物权人和其他债权人利益的，人民法院可以适用合同法第七十四条、第七十五条的有关规定。

（二）要点简析

1. 违约金可由当事人申请调整

关于违约金的调整，主要有两个要点：一是双方约定的违约金过高或过低都可以向法院申请调整。二是法院可依据当事人的申请作出调整判决。前文案例中，法院调整违约金的理由是，原被告对电费本金数额无异议，原告主张按日千分之二计算虽不违反约定，但因被告公司已由债权人进行破产清算，考虑大多数债权人利益，违约金不宜计算过高。本案与上一专题案例不同的是，法院将违约金由约定的当年按日千分之二、跨年千分之三调整为按日千分之一，而不是银行贷款利率的四倍。从目前收集的案例看，这两种调整方式都较为常见。

2. 未经登记的抵押协议也可以享有优先受偿权

本考题案例中，原告主张有优先受偿权是有法律依据的。根据《物权法》第一百八十条，第一百八十一条、第一百八十八条、第一百八十九条，企业的生产设备、原材料、半成品、产品，可以抵押，抵押应当向抵押人住所地的工商行政管理部门办理登记。抵押权自抵押合同生效时设立；未经登记，不得对抗善意第三人。债务人不履行到期债务，债权人有权就实现抵押权时的动产优先受偿。因此，未经登记的物电抵押协议，自供用电双方签订协议时就生效了，用电方到期不能履行电费债务，供电方对物电抵押协议中所涉的抵押设备，可以与被告协议折价或者以拍卖、变卖该设备所得的价款优先受偿。

3.《物权法》与《担保法》冲突适用《物权法》

《担保法》第四十一条、第四十二条规定，以企业的设备和其他动产抵押的，应当到财产所在地的工商行政管理部门办理抵押登记，抵押合同自登记之日起生效。而《物权法》第一百八十八条则规定，抵押权自抵押合同生效时设立。《物权法》与《担保法》关于以企业的设备和其他动产抵押的生效要件规定有明显的冲突。《物权法》在第一百七十八条明确了冲突的处理："担保法与本法的规定不一致的，适用本法"。因此，变压器等生产设备抵押不以登记为要件，只是不能对抗善意第三人。

4."流质"条款无效

流质条款也称绝押条款。即设定抵押权时，抵押权人和抵押人在抵押合同中约定在债务履行期届满抵押权人未受清偿时，抵押物的所有权移转给债权人。《担保法》第四十条规定，这种所有权直接转移的条款无效。供电企业与用户签订物电抵押协议时，如果约定用电人不缴清电费，抵押物直接归供电人所有，该约定则是无效的"流质"条款。《担保法若干问题解释》第五十七条也规定，当事人在抵押合同中约定，债务履行期届满抵押权人未受清偿时，抵押物的所有权转移为债权人所有的内容无效，但所约定内容的无效不影响抵押合同其他部分内容的效力。即抵押权设定后，当债务人不履行债务时，抵押权人和抵押人可以协议以抵押物折价等方式实现债权。抵押合同并不因流质条款无效而无效。

三、管理建议

1. 以变压器等涉电设备抵押最好办理登记手续

虽然未经登记的物电抵押协议也可以享有优先受偿权，但是根据《物权法》第一百八十八条"未经登记，不得对抗善意第三人。"的规定，未经登记的抵押权主要存在两大风险：一是设备一物多抵的风险。企业生产经营状况不佳，更有可能重复设置抵押。变压器等设备设置了两个以上抵押权，如果另一个抵押办理了登记，则未经登记的抵押权没有优先权。二是设备被提前变卖的风险。根据《物权法》第一百八十九条，如果用电方提前将变压器等设备变卖给了不知情且已支付了合理价款的善意第三方，则供电企业将不能实现优先受偿权。在具体实务中，不少地方工商部门不予办理企业设备和其他动产的抵押登记，给基层一线的专业人员造成了困惑。因此应加强与当地工商等行政部门的沟通，依法维权、合法登记，尽量保护物电抵押协议项下设备的优先受偿权。

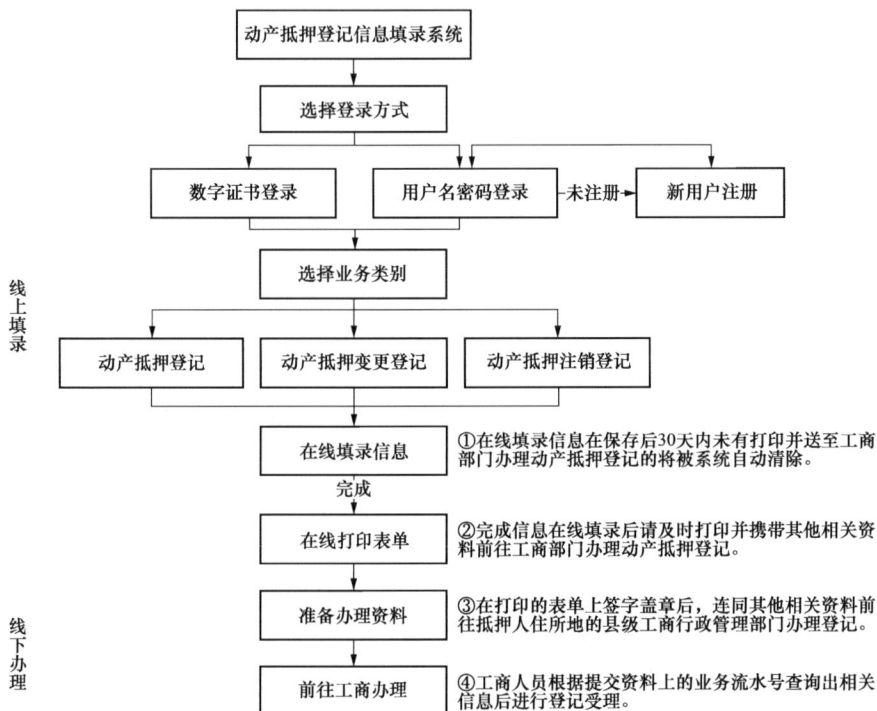

图 5-1：某省动产抵押登记办理程序

2. 采用多种担保方式确保实现电费债权

对电费回收风险用户，宜采取物电抵押、质押担保、银行履约保函等多种电费担保方式，还可以结合预付费、分次结算等多种措施，并及时采用催告欠费用户提供担保、大力推广智能费控系统、及时申报债权、行使追偿权、行使撤销权等法律手段保护自身的合法权益。

四、参考案例

案例 1：涉电动产抵押且登记，法院支持优先受偿权

案号：（2015）贺民商初字第 134 号、（2016）宁 01 民终 247 号

案情简介：2014 年 6 月 15 日原、被告签订《抵押合同》一份，由被告提供 35 千伏高压配电柜、35 千伏高压线路作为抵押物，约定上

述抵押物的价值为 151 万元，抵押期限为自原、被告签订的《高压供用电合同》所约定的债权到期之日起两年，担保范围为主合同项下电费、违约金、损害赔偿金和实现债权的费用。2014 年 6 月 19 日原、被告就上述抵押物在县工商局办理了抵押登记手续。被告公司于 2015 年 1 月 25 日由公司法定代表人签字确认欠原告 1774477.91 元电费未付。因被告一直未支付剩余电费，2015 年 1 月 22 日原告将被告公司断电。原告诉至法院请求判令被告支付原告电费及违约金，确认原告对被告的抵押财产有优先受偿的权利。一审法院支持原告的请求。二审维持原判。

案例 2：涉电动产抵押虽未登记，法院仍支持优先受偿权

案号：（2016）苏 1324 民初 392 号

案情简介：2015 年 2 月 17 日，原告与被告某复合肥厂签订《高压供用电合同》《电费结算协议》，约定用电人同意将其用电设备容量为 250 千伏安变压器及配套 10 千伏开关柜、0.4 千伏开关柜抵押给供电人作为本合同电费担保。合同签订后，原告按约供电。自 2015 年 3 月起，被告复合肥厂未按约交纳电费合计 29077.62 元。该款经原告索要未果，因而成讼。法院支持原告对抵押合同项下的设备享有优先受偿权。

案例 3：涉电动产抵押虽未登记，法院仍支持优先受偿权

案号：（2015）洪商初字第 00906 号

案情简介：2014 年 4 月 15 日，原告与被告某公司签订《高压供用电合同》《电费结算协议》，约定：用电人同意将其用电设备容量为 500 千伏安变压器及配套 20 千伏开关柜、0.4 千伏开关柜抵押给供电人作为本合同电费担保。自 2015 年 2 月起，被告公司未按约交纳电费，合计欠费 154050.19 元。该款经原告索要未果，因而成讼。法院判决被告给付电费违约金，支持原告对《高压供用电合同》约定的抵押设备，可以与被告协议折价或者以拍卖、变卖该设备所得的价款优先受偿。

专题二十　自备电厂私自转供电应及时维权

一、案例简介

案号：无

某金属制品有限公司是该地大型用能单位，用电容量 10 万千伏安。该公司建有自备电厂，2016 年度自发自用电量 11.47 亿千瓦时。该地供电公司在安全检查中发现，该公司在供电企业不知情的情况下，向邻近厂区的某制氧公司私自转供电，双方通过"以气抵电"的方式进行费用结算。截至 2017 年 8 月，私自转供的电费差价达 5 亿元。某供电公司行文上报该市政府，要求某金属制品有限公司停止转供，某制氧公司由供电公司供电。

该事件经市政府协调解决，未形成诉讼。

二、法律分析

（一）关键法条和政策依据

《电力法》（自 1996 年 4 月 1 日起施行，2015 年 4 月 24 日修订）

第二十五条　供电企业在批准的供电营业区内向用户供电。

供电营业区的划分，应当考虑电网的结构和供电合理性等因素。一个供电营业区内只设立一个供电营业机构。

省、自治区、直辖市范围内的供电营业区的设立、变更，由供电企业提出申请，经省、自治区、直辖市人民政府电力管理部门会同同级有关部门审查批准后，由省、自治区、直辖市人民政府电力管理部门发给《供电营业许可证》。跨省、自治区、直辖市的供电营业区的设立、变更，由国务院电力管理部门审查批准并发给《供电营业许可证》。

第六十三条　违反本法第二十五条规定，未经许可，从事供电或者变更供电营业区的，由电力管理部门责令改正，没收违法所得，可以并处违法所得 5 倍以下的罚款。

《电力供应与使用条例》

第三十八条　违反本条例规定，有下列行为之一的，由电力管理部门责令改正，没收违法所得，可以并处违法所得 5 倍以下的罚款：

（一）未按照规定取得《供电营业许可证》，从事电力供应业务的；

（二）擅自伸入或者跨越供电营业区供电的；

（三）擅自向外转供电的。

《供电营业区划分及管理办法》（1996 年 9 月 1 日起实施）

第二十四条　未经许可，从事电力供应与销售业务或者擅自变更供电营业区的，由省级以上电力管理部门按照《电力法》第六十三条处理。

《供用电监督管理办法》

第二十五条　违反《电力法》和国家有关规定，擅自向外转供电者，电力管理部门应以书面形式责令其拆除转供电设施，作出书面检查，没收其非法所得，并处以违法所得三倍以下的罚款。

《供电营业规则》

第十四条　用户不得自行转供电。在公用供电设施尚未到达的地区，供电企业征得该地区有供电能力的直供用户同意，可采用委托方式向其附近的用户转供电力，但不得委托重要的国防军工用户转供电。

第八十九条　在供电营业区内建设的各类发电厂，未经许可，不得从事电力供应与电能经销业务。

并网运行的发电厂，应在发电厂建设项目立项前，与并网的电网经营企业联系，就并网容量、发电时间、上网电价、上网电量等达成电量购销意向性协议。

第九十一条　用户自备电厂应自发自供厂区内的用电，不得将自备电厂的电力向厂外供电。自发自用有余的电量可与供电企业签订电量购销合同。

自备电厂如需伸入或跨越供电企业所属的供电营业区供电的，应经省电网经营企业同意。

《有序放开配电网业务管理办法》（发改经体〔2016〕2120号）

第二十一条　配电网运营者不得超出其配电区域从事配电业务。

发电企业及其资本不得参与投资建设电厂向用户直接供电的专用线路，也不得参与投资建设电厂与其参与投资的增量配电网络相连的专用线路。

《关于加强和规范燃煤自备电厂监督管理的指导意见》

确定市场主体，参与市场交易

（一）确定市场主体。满足下列条件的拥有并网自备电厂的企业，可成为合格发电市场主体。

1．符合国家产业政策，达到能效、环保要求；

2．按规定承担国家依法合规设立的政府性基金，以及与产业政策相符合的政策性交叉补贴；

3．公平承担发电企业社会责任；

4．进入各级政府公布的交易主体目录并在交易机构注册；

5．满足自备电厂参与市场交易的其他相关规定。

（二）要点简析

1. 私自转供电行为扰乱电力市场秩序

私自转供电行为，造成了实质上的发输配售一体化，不但违反了国家相关法律法规，给国有资产造成巨额损失，也扰乱了当前电力市场改革的有序环境，不符合电力体制改革方向。国家发展改革委、国家能源局印发的《有序放开配电网业务管理办法》明确规定发电企业及资本不得参与投资建设电厂向用户直接供电的专用线路。中发9号文配套文件《关于加强和规范燃煤自备电厂监督管理的指导意见》也要求拥有并网自备电厂的企业，需满足"承担政府性基金和政策性交叉补贴；公平承担发电企业社会责任；进入政府公布的交易主体目录并在交易机构注册"等规定才能成为合格的发电市场主体。某金属制品有限公司将自发自用以外电量供给其他独立法人单位，违反了上述规定，形成事实上的违规交易，扰乱了电力市场秩序。

2. 私自转供逃避交叉补贴和社会责任

配电区域内的电力用户应当承担国家规定的政策性基金及附加费，目前此类基金及附加费用由供电企业代收代缴。在某金属制品有限公司自备电厂向某制氧公司转供的行为中，私自转供的自备电厂作为供电方，未向供电企业交纳输配电价费用，未承担交叉补贴的社会责任；用电企业则漏交农网还贷、大中型水库移民等基金以及基本电费（系统备用费）、辅助服务费等。该行为实质是以逃避社会责任为代价营造低成本优势，影响市场竞争公平性。

3. 私自转供电影响电网安全稳定运行

依托电厂私自转供电形成自供区，或者是电改后增量配网私自扩大供电范围，不仅扰乱正常的供用电秩序，也会影响电网安全稳定运行。一是电网重复建设，易形成交叉供电和事实上的网中网，而且统一规划、统一调度难以落实，无序发展将给电网的安全运行、用户的供电质量埋下隐患。二是这类供电区域内供配电设施投入往往不足，建设标准低，不能满足地方经济长期发展需要和保障电力用户正常的用电增长需求，尤其是面对灾害性天气、极端气候条件、突发地质灾害等事件的应急处理能力不足，不具备普遍服务和保底供电的能力。三是电网备用容量高，增大设备投资，造成资源浪费并会提高输配电价水平，最终损害用户利益，不利于构建竞争的市场格局。需要从政策与法律两个方面着手，维护正常的供用电秩序，形成健康、有序和规范的电力供应环境。

4. 转供电应符合法定情形并由供电企业委托

根据《合同法》第一百七十六条及《电力法》第二十五条规定，供电经营实行行政许可制度，一个供电营业区域内只设立一个供电营业机构。另根据《电力供应与使用条例》第二十条第二款及《供电营业规则》第十四条之规定，在公用供电设施未到达的地区供电企业征得该地区有供电能力的直供用户同意，可采用委托方式向其附近的用户转供电力，但不得委托重要的国防军工用户转供电。非经供电企业委托，任何单位不得擅自向外供电，即未经供电企业同意，其他非供电企业不得与用户签订供用电合同。

本案中某金属制品有限公司与某制氧公司之间的转供电没有得到供电方的同意，并未签署三方协议，期间的转供电关系不受法律保护。供电企业可根据《电力法》第六十三条、《电力供应与使用条例》第三十八条、《供用电监督管理办法》第二十五条等规定，要求当地电力主管部门作出处罚。

5. 私自转供电可由电力管理部门处以 5 倍以下罚款

根据《电力法》第六十三条、《电力供应与使用条例》第三十八条，自备电厂擅自向外转供电的行为，由电力管理部门责令改正，没收违法所得，可以并处违法所得 5 倍以下的罚款。《供用电监督管理办法》第二十五条则明确为，擅自向外转供电者，电力管理部门应以书面形式责令其拆除转供电设施，作出书面检查，没收其非法所得，并处以违法所得三倍以下的罚款。《供用电监督管理办法》把"5 倍以下"明确为"三倍"，但把"可以并处"也明确为"并处"，其实质是更严厉地规定了擅自向外转供电者应承担的法律责任。

三、管理建议

供电企业不仅应谨慎处理转供电事宜，尽量不要产生转供电情况，避免配售电市场流失，还应加强用电检查，有效防控非法转供电行为。

1. 把好电量分析关。电量是生产行业的晴雨表，企业的设备、产量与电量息息相关。是否存在违法转供电行为，很容易从其用电量中体现出来。相关用电检查人员应从电量分析入手，定期对比分析，重点关注突增电量，发现异常即开展调查，及时查处非法转供电行为。供电企业发现违章违规用电、转供电时应及时制止转供电方停止违章供用电行为，督促被转供电方及时到供电企业办理用电申请。

2. 把好定期巡查关。根据《电力法》第六十三条规定，针对非法转供电的行为，电力管理部门有权依法进行监督检查。实务中该检查行为一般由供电企业承担。为了杜绝非法转供电行为，供电人应建立严密的巡查制度，如乡镇供电所人员每月对重点部位巡查一次，用电检查人员每三个月开展一次专业检查等。巡查人员要对用电方配电室、变压器和管理制度等方面进行专业检查，义务给予安全用电技术指导，及时指出安全隐患，为企业安全用电保驾护航，也要查看有没有非法转供电或窃电行为等。此外还应该针对检查到的情况建立日常巡视档案，以便及时发现问题。除了加强巡查外，供电企业还应加强宣传，发动群众积极举报揭发，做到有报必查、有报即奖、有查必纠。

3. 把好停电程序关。因法定或约定事由对用电人停电时，应严格按法定程序履行通知用户的义务，注意收集保存证据，避免不当停电行为造成败诉风险。同时应重视加大对社会公众的电力法律、法规的宣传力度，使社会公众对供电企业的服务和义务有合理的预期，避免引发诉讼。

四、参考案例

如前文所述案例，一般此类事件会在政府或相关部门的主持下协调解决，不至于形成诉讼。但在电改背景下，各路资本跃跃欲试，想从配电网业务中分得一杯羹。发电企业直供电的愿望尤其强烈。发电企业通过直供电获取的利益，很大程度上以逃避交叉补贴、政府基金等社会责任为基础，获得低电价优势。因此，供电企业应特别关注未经许可，从事电力供应与销售业务或者擅自变更供电营业区、擅自伸入或者跨越供电营业区供电、擅自向外转供电等行为，自觉维护电力市场秩序。

第六章 综合管理专题

专题二十一　供电企业商业秘密信息可以不公开

一、案例简介

案号：（2016）鲁 0991 行初 30 号、（2017）鲁 09 行终 45 号

2016 年 6 月 17 日，杨某通过邮政特快专递向某市供电公司邮寄《申请公开某地址 10 千伏高压变电室选址设计方案及所依据的规定标准等信息资料》。该申请由市供电公司工作人员尹某签收。因未获答复，杨某以省电力公司、某市供电公司为被告诉至法院，要求确认两被告对其申请不作答复的行为违法，并公开其申请的信息。

一审法院认为，被告某市供电公司是省电力公司的分支机构，不能独立承担责任。被告省电力公司有处理政府信息公开申请的职责。杨某向某市供电公司提出申请，即视为向被告省电力公司提出了申请，省电力公司应当在法定期限内对杨某的政府信息公开申请作出答复，而其未在法定期限内给予书面答复，违反了《政府信息公开条例》的规定。遂判决被告省电力公司对原告杨某的申请不作答复的行为违法；责令被告省电力公司自本判决生效之日起 15 个工作日内对作出答复；驳回原告对某市供电公司的诉讼请求。

二审法院认为，某市供电公司拥有营业执照，是可以参加民事诉讼并承担民事责任的主体，应当承担信息公开的有关责任。杨某仅仅向某市供电公司邮寄了信息公开申请，没有向省电力公司邮寄申请。一审法院认为杨某向某市供电公司提出申请，即视为向省电力公司提出申请不当，应予以指正。遂撤销一审判决，确认某市供电公司对被上诉人杨某的申请不作答复的行为违法；责令市供电公司于本判决生效之日起 15 个工作日内对被上诉人杨某的申请作出答复。

二、法律分析

（一）关键法条
《政府信息公开条例》
第十三条　除本条例第九条、第十条、第十一条、第十二条规定的

行政机关主动公开的政府信息外，公民、法人或者其他组织还可以根据自身生产、生活、科研等特殊需要，向国务院部门、地方各级人民政府及县级以上地方人民政府部门申请获取相关政府信息。

第二十一条　对申请公开的政府信息，行政机关根据下列情况分别作出答复：

（一）属于公开范围的，应当告知申请人获取该政府信息的方式和途径；

（二）属于不予公开范围的，应当告知申请人并说明理由；

（三）依法不属于本行政机关公开或者该政府信息不存在的，应当告知申请人，对能够确定该政府信息的公开机关的，应当告知申请人该行政机关的名称、联系方式；

（四）申请内容不明确的，应当告知申请人作出更改、补充。

第二十三条　行政机关认为申请公开的政府信息涉及商业秘密、个人隐私，公开后可能损害第三方合法权益的，应当书面征求第三方的意见；第三方不同意公开的，不得公开。但是，行政机关认为不公开可能对公共利益造成重大影响的，应当予以公开，并将决定公开的政府信息内容和理由书面通知第三方。

第二十四条　行政机关收到政府信息公开申请，能够当场答复的，应当当场予以答复。

行政机关不能当场答复的，应当自收到申请之日起15个工作日内予以答复；如需延长答复期限的，应当经政府信息公开工作机构负责人同意，并告知申请人，延长答复的期限最长不得超过15个工作日。

申请公开的政府信息涉及第三方权益的，行政机关征求第三方意见所需时间不计算在本条第二款规定的期限内。

第三十七条　教育、医疗卫生、计划生育、供水、供电、供气、供热、环保、公共交通等与人民群众利益密切相关的公共企事业单位在提供社会公共服务过程中制作、获取的信息的公开，参照本条例执行，具体办法由国务院有关主管部门或者机构制定。

《最高人民法院关于审理政府信息公开行政案件若干问题的规定》

第一条　公民、法人或者其他组织认为下列政府信息公开工作中的具体行政行为侵犯其合法权益，依法提起行政诉讼的，人民法院应当受理：

（一）向行政机关申请获取政府信息，行政机关拒绝提供或者逾期不予答复的；

（二）认为行政机关提供的政府信息不符合其在申请中要求的内容或者法律、法规规定的适当形式的；

（三）认为行政机关主动公开或者依他人申请公开政府信息侵犯其商业秘密、个人隐私的；

（四）认为行政机关提供的与其自身相关的政府信息记录不准确，要求该行政机关予以更正，该行政机关拒绝更正、逾期不予答复或者不予转送有权机关处理的；

（五）认为行政机关在政府信息公开工作中的其他具体行政行为侵犯其合法权益的。

公民、法人或者其他组织认为政府信息公开行政行为侵犯其合法权益造成损害的，可以一并或单独提起行政赔偿诉讼。

第五条　被告拒绝向原告提供政府信息的，应当对拒绝的根据以及履行法定告知和说明理由义务的情况举证。

因公共利益决定公开涉及商业秘密、个人隐私政府信息的，被告应当对认定公共利益以及不公开可能对公共利益造成重大影响的理由进行举证和说明。

被告拒绝更正与原告相关的政府信息记录的，应当对拒绝的理由进行举证和说明。

被告能够证明政府信息涉及国家秘密，请求在诉讼中不予提交的，人民法院应当准许。

被告主张政府信息不存在，原告能够提供该政府信息系由被告制作或者保存的相关线索的，可以申请人民法院调取证据。

被告以政府信息与申请人自身生产、生活、科研等特殊需要无关为由不予提供的，人民法院可以要求原告对特殊需要事由作出说明。

原告起诉被告拒绝更正政府信息记录的，应当提供其向被告提出过更正申请以及政府信息与其自身相关且记录不准确的事实根据。

第八条　政府信息涉及国家秘密、商业秘密、个人隐私的，人民法院应当认定属于不予公开范围。

政府信息涉及商业秘密、个人隐私，但权利人同意公开，或者不公开可能对公共利益造成重大影响的，不受前款规定的限制。

《供电企业信息公开实施办法》

第二条　本办法所称供电企业是指已取得供电类电力业务许可证，依法从事供电业务的企业。

第七条　除本办法第六条规定供电企业主动公开的信息外，电力用户还可以根据自身生产、生活、科研等特殊需要，向供电企业申请获取相关信息。

第十二条　供电企业收到信息公开申请，能够当场答复的，应当当场予以答复。不能当场答复的，应当自收到申请之日起15个工作日内予以答复；如需延长答复期限的，应当经供电企业信息公开工作机构负责人同意，并告知申请人，延长答复的期限不得超过15个工作日。如不能公开的，应当说明理由。

《关于禁止侵犯商业秘密行为的若干规定》（1998年12月3日修正国家工商行政管理局发布）

第二条　本规定所称商业秘密，是指不为公众所知悉、能为权利人带来经济利益、具有实用性并经权利人采取保密措施的技术信息和经营信息。

本规定所称不为公众所知悉，是指该信息是不能从公开渠道直接获取的。

本规定所称能为权利人带来经济利益、具有实用性，是指该信息具有确定的可应用性，能为权利人带来现实的或者潜在的经济利益或者竞争优势。

本规定所称权利人采取保密措施，包括订立保密协议，建立保密制度及采取其他合理的保密措施。

本规定所称技术信息和经营信息，包括设计、程序、产品配方、制作工艺、制作方法、管理诀窍、客户名单、货源情报、产销策略、招投标中的标底及标书内容等信息。

本规定所称权利人，是指依法对商业秘密享有所有权或者使用权的公民、法人或者其他组织。

《关于建设工作中国家秘密及其密级具体范围的规定》

第三条　第（三）项"秘密级事项"第2目：城市基础设施总体规

划的城市给排水、供热、供气、防汛、电力、人防等等规划图纸属于秘密级国家秘密。

《国家电网公司保护商业秘密规定》

第十二条　公司商业秘密保护范围主要包括：战略规划、管理方法、商业模式、改制上市、并购重组、产权交易、财务信息、投融资决策、产购销策略、资源储备、重要客户信息、招投标标底等经营信息；设计、程序、制作工艺、制作方法、技术诀窍、关键技术、重大科研项目、重要科研数据等技术信息。

第三十六条　因工作需要向各级国家机关、具有行政管理职能的事业单位、社会团体等提供商业秘密载体，应当向其明示保密义务。所提供商业秘密载体，由业务部门拟定，分管领导审批，本单位保密办公室备案。

（二）要点简析

1. 市级供电公司应承担信息公开的责任

前文案例中，一、二审法院关于市级供电公司作为省电力公司的非法人分支机构，是否可以作为信息公开的职责主体，意见不一致。根据《供电企业信息公开实施办法》第二条，市级供电公司属于已取得供电类电力业务许可证（或供电营业许可证），应当认定为从事供电业务的企业。同时，市供电公司作为省电力公司的非法人分支机构，拥有营业执照，根据民事诉讼法有关规定，是可以参加民事诉讼并承担民事责任的主体，同样应当根据《政府信息公开条例》的规定，承担信息公开的有关责任。所以，一审认为供电公司不能独立承担责任不当，应予纠正。

需要说明的是，根据国发〔2013〕27号《国务院关于取消和下放50项行政审批项目等事项的决定》，电力业务许可证的核发与供电营业区的设立、变更审批及供电营业许可证核发，已整合为一项行政许可。2017年底到2018年初，多数供电公司均已完成公司制改革，市级供电公司作为有限责任公司分公司同样应承担信息公开的责任。

2. 信息公开的答复程序应到位

在前文案例中，根据《政府信息公开条例》第十三条和第二十四条、《供电企业信息公开实施办法》第七条和第十二条，杨某有权申请供电公司公开某地址 10 千伏高压变电室选址设计方案及所依据的规定标准等信息资料，供电公司也应当在 15 个工作日内作出答复，如需延长还应告知申请人，并且在 30 个工作日内务必作出答复。本案中，供电公司未履行《政府信息公开条例》第二十四条规定的答复义务，其对原告方的信息公开申请不作为、不答复的行为肯定违法。但是在规定的时限内作出"属于不予公开的范围"答复并说明理由，或者作出"不属于本单位信息公开范围"的答复，则另当别论，至少不会被确认违法。至于申请的内容是否属于被申请人的依法不予公开的内容或不属于本单位信息公开的范围，只要理由充分，一般会获得法院的支持。如文后参考案例，法院即支持第三人关于商业秘密的抗辩理由，驳回原告的诉讼请求。

3. 电网规划、客户名单等属于商业秘密可不予公开

根据《最高人民法院关于审理政府信息公开行政案件若干问题的规定》第五条第四款、第八条，涉及国家秘密的信息在诉讼中可以不予提交，涉及国家秘密、商业秘密、个人隐私的属于不予公开范围。根据《关于建设工作中国家秘密及其密级具体范围的规定》，城市电力规划图纸属于秘密级国家秘密。根据《关于禁止侵犯商业秘密行为的若干规定》，客户名单、产销策略等，都属于商业秘密。《国家电网公司保护商业秘密规定》也对战略规划、经营信息等商业秘密的密级和范围、保密期限、管理流程、保密措施、人员责任和奖惩等作了详细的规定。因此，电网规划、地理接线图、电力调度信息、地区电量信息等，完全可以分别作为国家秘密或商业秘密，不对外公开。

三、管理建议

1. 供电公司应按规定的程序及时答复信息公开申请

前文案例中，市供电公司的行为之所以被确认违法，主要是因为没有在规定的期限内作出答复，其实质属于程序违法。该公司其实可以在 15 个工作日内对杨某的申请作出"不予公开"或"不属于本单位信息公开范围"的答复。可见，关于信息公开的行政诉讼，程序的意义有时候远大于实质。供电公司在处理信息公开类事务时，务必注意在 15 个工作日内答复的规定，15 个工作日内无法答复需要延长的，也应履行告知申请人的义务，做到程序到位。

2. 供电公司应对商业秘密采取保密措施

根据《关于禁止侵犯商业秘密行为的若干规定》，只有不为公众所知

悉、能为权利人带来经济利益、具有实用性并经权利人采取保密措施的技术信息和经营信息，才属于商业秘密。权利人应对商业秘密采取订立保密协议、建立保密制度等保密措施。如果权利人疏于对商业秘密采取保密措施，使该信息能从公开渠道直接获取，则不属于商业秘密。如供电公司在其外网中公布了电网规划、地理接线图供他人下载、查询，或者未经审批流程擅自向各级国家机关、具有行政管理职能的事业单位、社会团体等提供商业秘密载体，不向其明示保密义务，则所提供的信息不能作为商业秘密受到法律保护。实际工作中，各级供电公司都应制订好本单位的保密工作管理办法，与每位员工签订保密协议，切实保护本单位的商业秘密。

四、参考案例

案例：电网规划和接线图等系商业秘密，依法不予公开

案号：（2014）宁行初字第 90 号、（2014）苏行终字第 00236 号

案情简介：熊某于 2014 年 5 月 7 日通过网络向省环保厅申请政府信息公开，所需信息的内容为："某市 220 千伏输变电工程环评材料。"省环保厅于 2014 年 5 月 22 日向熊某作出《31 号答复书》，向熊某提供了《关于省电力公司某市供电公司 220 千伏输变电工程环境影响报告表的批复》《关于 220 千伏变开环入江城变输电线路（南开环线路）工程（重新报批）环境影响报告表的批复》。因省环保厅认为《南开环线路环评报告》《220 千伏环评报告》涉及第三方权益，故书面征求第三方意见。第三方称报告表中有关地方电网规划、变电站总平面图布局、电网地理接线图、城市电网管线图、输电线路路径描述等内容系商业秘密，不同意公开，对不属于商业秘密或个人隐私的部分则同意公开。省环保厅经审查后将《环线路环评报告》《220 千伏环评报告》中第三方认为可以公开的内容向熊某予以公开。熊某认为省环保厅做出的《31 号答复书》及告知书违反《政府信息公开条例》规定，诉至法院。一审法院认为，省环保厅已履行了政府信息公开法定职责，且答复程序和内容均符合法律规定，判决驳回熊某的诉讼请求。熊某不服上诉，称原审认定相关信息涉及第三人商业秘密，属认定事实错误，涉案供电项目涉及上诉人的切身利益，请求省环境保护厅提供 220 千伏输变电工程环境影响评价、申

报审批资料、环保验收资料。二审驳回上诉，维持原判。

专题二十二　驾驶私家车去工作现场的注意事项

一、案例简介

案号：（2016）鄂 0303 民初 1255 号、（2017）鄂 03 民终 934 号

王某系市交管局五大队民警。依该队规定，早晚交通高峰时段要与其他同事轮流到某立交桥执勤。2014 年 11 月 4 日 18 时许，王某驾驶自有小轿车从五大队前往执勤点执晚勤，途中与对向小型轿车发生碰撞，致使被撞车上三人受伤，两车受损。该事故经市交管局事故处理大队认定，王某承担此次交通事故的全部责任。王某所有的小轿车仅投保了机动车交通事故责任强制保险。就赔偿问题，三名伤者以王某为被告向一审法院提起诉讼，要求赔偿损失共计 168785.38 元。王某自身受伤发生医疗费 651.7 元、车辆修理费 26000 元。王某承担以上赔偿责任后向市交管局追偿未果，故诉至一审法院。

一审另查明，市交管局对执勤民警未安排专用公务用车，对如何到达执勤地点无规定。一审法院认为，王某自主选择驾驶私家车前往执勤地点，尚未到达执勤地点时发生交通事故，故王某驾车去往执勤地点不属执行职务。判决驳回王某的诉讼请求。

二审法院认为，根据交警队的日常工作安排，王某作为内勤人员在正常下班后，轮流上路值晚勤仍属于其工作任务的延续，应视为履行职务行为。但是王某先行承担侵权责任后，法律并未赋予其向用人单位追偿的权利。综上，一审判决对王某驾车行为的性质认定错误，但判决结果正确，依法驳回上诉，维持原判。

二、法律分析

（一）关键法条
《民法通则》

第一百二十一条　国家机关或者国家机关工作人员在执行职务中，侵犯公民、法人的合法权益造成损害的，应当承担民事责任。

《侵权责任法》

第二十六条　被侵权人对损害的发生也有过错的，可以减轻侵权人的责任。

第三十四条　用人单位的工作人员因执行工作任务造成他人损害的，由用人单位承担侵权责任。

劳务派遣期间，被派遣的工作人员因执行工作任务造成他人损害的，由接受劳务派遣的用工单位承担侵权责任；劳务派遣单位有过错的，承担相应的补充责任。

第三十七条　宾馆、商场、银行、车站、娱乐场所等公共场所的管理人或者群众性活动的组织者，未尽到安全保障义务，造成他人损害的，应当承担侵权责任。

因第三人的行为造成他人损害的，由第三人承担侵权责任；管理人或者组织者未尽到安全保障义务的，承担相应的补充责任。

《最高人民法院关于审理人身损害赔偿案件适用法律若干问题的解释》

第九条　雇员在从事雇佣活动中致人损害的，雇主应当承担赔偿责任；雇员因故意或者重大过失致人损害的，应当与雇主承担连带赔偿责任。雇主承担连带赔偿责任的，可以向雇员追偿。

前款所称"从事雇佣活动"，是指从事雇主授权或者指示范围内的生产经营活动或者其他劳务活动。雇员的行为超出授权范围，但其表现形式是履行职务或者与履行职务有内在联系的，应当认定为"从事雇佣活动"。

（二）要点简析

1. 驾私车前往工作地点应属于职务行为

执行职务是指完成国家机关（用人单位）授权或者指示范围内的、与行为人职务有关的活动。前文所述案例中，对于王某从办公室前往执勤地点的途中，是否属于职务行为，一、二审法院的意见有所不同。一审法院认为，执行职务应始于到达工作地点后，去往执行职务的路途不属工作范畴。工作人员对如何到达工作地点有自主选择权，该权利如何行使系工作人员的个人行为，若无法律、法规的特别规定，该行为所产生的法律后果应由行为人自行承担。虽然执勤民警到达执勤地点执晚勤必然需要采用某种交通方式，但市交管局对执勤民警如何到达执勤地点没有明确、强制性的规定，完全由民警自主选择，所以王某驾车致人损害不属执行职务。二审法院则认为，王某是在正常下班后直接从单位赶赴值晚勤地点值晚勤的途中发生的交通事故。内勤人员在正常下班后，轮流上路值晚勤仍属于其工作任务的延续，所以认定王某驾车前往执勤地点属于执行职务行为。

比如某单位的用车管理制度规定：私车在因公外出情况下，如出现任何违规、事故及肇事行为，由车主本人承担由此产生的全部责任及损失。该规定在私车公用从事职务行为的情况下，与《民法通则》第一百二十一条、《侵权责任法》第三十四条明显不符，如有纠纷，可以申请法院认定为无效条款。

2. 执行职务致人损害工作人员与单位的追偿权不同

民事追偿权是法律赋予付出相应义务人的一种经济上请求补偿的权利，是一种法定权利，法律没有规定的，任何人都不享有此项权利。前文所述案例中，二审法院虽然认为王某的行为系职务行为，但同时也认为，王某没有向市交管局行使追偿的权利。根据《民法通则》第一百二十一条、《侵权责任法》第三十四条、《最高人民法院关于审理人身损害赔偿案件适用法律若干问题的解释》第九条，用人单位或雇主应当承担工作人员或雇员致人损害的责任，且在雇员有故意或重大过失的情况下，雇主有追偿的权利，确实没有规定工作人员、雇员先行承担侵权责任后，有向用人单位、雇主追偿的权利。

本案二审判决理由，从条文机械地理解看，没有问题，但是否可以解决实际问题，值得商榷。

3. 活动组织者应承担安保和选任责任

如本专题第四部分参考案例，何某带车参加学校组织的活动发生交通事故，法院并未认定其为职务行为，而是与学校之间成立活动参加者与活动组织者的关系。因此，何某自愿带车运送同事参加单位组织的活动，途中发生交通事故，不能由单位承担赔偿责任。法院判定单位作为活动组织者，没有履行安全告知和提醒义务，而且放任没有营运资质的私家车运送人员参加活动，根据《侵权责任法》第三十七条，存在选任和安保过失，应承担40%的责任。

三、管理建议

1. 注意私车公用案件的处理策略

前文案例中，二审法院认为王某作为工作人员，自行达成调解协议后没有向单位追偿的权利，但他可以在未自行承担责任前，要求追加单位为机动车交通事故责任纠纷案件的被告，从而救济自己的权利。这就为供电企业法务人员处理类似案例提供了启示。在具体的诉讼过程中，要及时与当事各方加强沟通，取得共识，争取在合法的范畴内，取得合理的结果，维护稳定、和谐的局面。

2. 规范企业内部的私车公用现象

本专题所列的 2 个案例，与供电企业日常管理中普遍存在的私车公用现象，有极大的相似度。供电企业的供电设施、客户遍布城乡各地，大量的电网施工、现场查勘、用电检查、装表接电、抢修作业现场需要由工作人员从一地赶往另一地，期间使用私家车解决交通问题的现象大量存在，而且也不可能取消。毕竟为每一位往返工作地点之间的工作人员配备公务用车是完全不现实的，也会造成极大的资源浪费。既然有现实需要，无法杜绝私车公用现象，建议供电企业借鉴其他企业好的做法，从制度上、日常管理上进一步规范私车公用现象。如要求用于往返于工作地点之间的私家车必须购有交强险及一定额度的商业险、为私家车提供一定的油费补助、在各常用工作地点配置共享电动自行车或电动汽车等，尽量减少私车公用现象和风险。

四、参考案例

案例： 参加活动自愿接送同事不属职务行为，单位仅承担选任和安保责任

案号： （2016）鄂 0303 民初 16 号、（2016）鄂 03 民终 2461 号、（2017）鄂民申 966 号

案情简介： 2015 年 11 月 21 日，某市中学高三年级组一行 34 人开始实施登山活动。此次参加人员中，一人为领队，运输工具定为五辆私家车，采取自愿带车原则，由包括何某在内的五人自愿报名带车。当天9 时 20 分许，何某驾驶小轿车，由某市往风景区方向行驶，途中车辆失

控侧翻至路边河沟里，导致车辆严重受损、车上部分人员受伤的交通事故。2015 年 12 月 4 日，市公安交通管理局事故处理大队认定何某承担此次事故的全部责任。何某诉至法院，请求中学承担赔偿责任。一审法院认为，中学作为本次登山活动的实际组织者，在活动实施前未召集活动参加者进行安全提示和风险防控，对此次事故具有一定的过错，应承担相应的民事责任即 40%，何某对损害后果的产生存在重大过失，对其损失应自担 60%的责任。何某不服上诉。二审法院认为，中学组织活动时并未采取强制、胁迫的手段，何某无异议表示同意，应当视为其自愿带车。何某为中学的教师，其工作职责为教师而非司机，其工作地点应为学校而非公共道路。何某驾驶个人车辆运送教职工参加登山活动的行为与其岗位职业没有直接联系，故不宜认定为履行职务行为。何某作为此次登山活动的参加者，与中学成立活动参加者与活动组织者的关系。中学明知何某驾驶其私家车辆，并不具备道路运输经营许可证，但仍由何某自愿驾驶私家车运送教职工，其存在选任上的过失，应当承担侵权责任。一审判决认定何某对损害后果的产生存在重大过错，对其损失应承担主要责任，中学承担次要责任，并无不当。何某申请再审，被驳回再审申请。

附录　常见法律法规

[1]《中华人民共和国电力法》(主席令第 24 号)(自 1996 年 4 月 1 日起施行).

[2]《供电监督办法》(国家电力监管委员会令第 27 号)(自 2010 年 1 月 1 日起施行).

[3]《中华人民共和国环境保护法》(主席令第 81 号)(自 2015 年 1 月 1 日起施行).

[4]《中华人民共和国消防法》(主席令第 4 号)(自 2009 年 5 月 1 日起施行).

[5]《中华人民共和国安全生产法》(主席令第 13 号)(自 2014 年 12 月 1 日起施行).

[6]《行政强制法》(主席令第 49 号)(自 2012 年 1 月 1 日起施行).

[7]《国有土地上房屋征收与补偿条例》(国务院令第 590 号).

[8]《中华人民共和国民事诉讼法》(主席令第 71 号).

[9]《中华人民共和国合同法》(主席令第 15 号).

[10]《浙江省违法建筑处置规定》(2013 年 10 月起实施).

[11]《浙江省"三改一拆"行动违法建筑处理实施意见》(浙政办发〔2013〕69 号).

[12]《中华人民共和国侵权责任法》(主席令第 21 号)(自 2010 年 7 月 1 日起实施).

[13]《浙江省电网设施建设保护和供用电秩序维护条例》(自 2014 年 7 月 1 日起施行).

[14]《供电营业规则》(电力工业部令第 8 号)(自 1996 年 10 月 8 日颁布施行).

[15]《电力供应与使用条例》(国务院令第 196 号)(自 1996 年 9 月 1 日起实施).

[16]《湖北省预防和查处窃电行为条例》(自 2007 年 1 月 1 日起施行).

[17]《中华人民共和国民法通则》(主席令第 37 号)(1987 年 1 月 1 日起施行).

[18]《10 千伏及以下架空配电线路设计技术规程》(DL/T 5220—2005).

[19]《用电检查管理办法》(电力工业部令第 6 号)(已于 2016 年 1 月 1 日废止).

[20]《农村低压电力技术规程》(DL/T 499—2001).

[21]《农村安全用电规程》(DL/T 493—2001).

[22]《漏电保护器安全监察规定》(劳安字〔1990〕16 号).

[23]《剩余电流保护器农村安装运行规程》(DL/T 736—2000).

[24]《中华人民共和国宪法》(全国人民代表大会公告第 1 号).

[25]《村民委员会组织法》(主席令第 37 号)(2010 年修订).

[26]《土地管理法实施条例》(国务院令第 653 号)(2014 年修订).

[27]《电力设施保护条例》(国务院令第 588 号)(2011 年修订).

[28]《关于审理涉及农村土地承包纠纷案件适用法律问题的解释》(法释〔2005〕6 号).

[29]《农村电网建设与改造工程投资管理规定》(计基础〔1999〕2178 号).

[30]《中华人民共和国物权法》(主席令第 62 号).

[31]《电力设施保护条例实施细则》(2011 年 6 月 30 日修订).

[32]《建筑设计防火规范》(GB 50016—2014).

[33]《110 千伏—750 千伏架空输电线路设计规范》(GB 50545—2010).

[34]《关于规范建设项目压覆矿产资源审批工作的通知》(国土资发〔2000〕386 号).

[35]《中华人民共和国环境影响评价法》(主席令第 48 号)(2016 年修订).

[36]《电磁辐射环境保护管理办法》(国家环境保护局令第 18 号)(1997 年 3 月 25 日发布).

[37]《建设项目环境影响评价分类管理名录》(环境保护部令第 33 号)(自 2015 年 6 月 1 日起施行).

[38]《最高人民法院关于民事诉讼证据的若干规定》(法释〔2001〕33 号)(2002 年 4 月 1 日起施行).

[39] 世界卫生组织. 环境健康准则:极低频场 [M]. 北京:中国质检出版社和中国标准出版社,2015.

[40]《中华人民共和国电磁辐射环境保护管理办法》(国家环境保护局令第 18 号).

[41]《公路管理条例》(国务院令第 543 号).

[42]《关于审理道路交通事故损害赔偿案件适用法律若干问题的解释》(法释〔2012〕19 号).

[43]《中华人民共和国公路法》(主席令第 81 号)(2017 年修订).

[44]《公路管理条例实施细则》(交通运输部令 2009 年第 8 号).

[45]《中华人民共和国企业破产法》(主席令第 54 号).

[46]《高压供用电合同》(国家电网公司 2017 版).

[47]《中华人民共和国担保法》(主席令第 50 号).

[48]《供电营业区划分及管理办法》(电力工业部令第 5 号).

[49]《供用电监督管理办法》(电力工业部令第 4 号).

[50]《有序放开配电网业务管理办法》(发改经体〔2016〕2120 号).

［51］《关于加强和规范燃煤自备电厂监督管理的指导意见》（发改经体〔2015〕2752 号）.

［52］《政府信息公开条例》（国务院令第 492 号）.

［53］《最高人民法院关于审理政府信息公开行政案件若干问题的规定》（法释〔2011〕17 号）.

［54］《供电企业信息公开实施办法》（国能监管〔2014〕149 号）（2014 年修订）.

［55］《关于禁止侵犯商业秘密行为的若干规定》（国家工商行政管理局令第 86 号）（1998 年 12 月 3 日修正国家工商行政管理局发布）.

［56］《国家电网公司保护商业秘密规定》（国家电网法〔2013〕1082 号）.

［57］《最高人民法院关于审理人身损害赔偿案件适用法律若干问题的解释》（法释〔2003〕20 号）.